V&R

Kinder glauben
praktisch | 2

Hör mal, Gott!

Vandenhoeck & Ruprecht

Antje Maurer

Hör mal, Gott!

Mit Glück und Angst
zu Gott kommen

*Für Clemens –
Unser Glück trägt
seinen Namen*

Bibliografische Information Der Deutschen Bibliothek

Die Deutsche Bibliothek verzeichnet diese Publikation in der Deutschen
Nationalbilbliografie; detaillierte bibliografische Daten sind im Internet über
<http://dnb.ddb.de> abrufbar.

ISBN 3-525-61530-2

© 2003, Vandenhoeck & Ruprecht in Göttingen
www.vandenhoeck-ruprecht.de
Grafische Gesamtkonzeption: Rudolf Stöbener, Göttingen
Satz: Weckner Fotosatz GmbH | media+print, Göttingen
Druck und Bindung: PROOST, International Book Production, Turnhout, Belgium.

Inhalt

Vorwort

Beten heißt: von sich weg sehen, den Blick auf Gott richten und von ihm alles erwarten. Aus dieser Haltung heraus sind die Psalmen formuliert worden. Sie waren das Gebetbuch Jesu und haben in der Gottesdienst- und Frömmigkeitspraxis der Kirche ihren festen Platz. Sie machen den sprachfähig, dem die Worte zu fehlen scheinen, wenn ihn Leid verstummen lässt oder wenn ihm im Überschwang der Freude das Glücksgefühl die Sprache nimmt. Wer in den Psalmen liest und sie betet, findet im Blick auf sein Gefühlsleben immer ein Korrektiv: Wenn es mir gut geht, erinnern mich die Psalmen an die Schattenseiten des Lebens. Und wenn ich traurig bin und weder aus noch ein weiß, dann erinnern sie mich an die Güte Gottes.

Kann man auch mit Kindern Psalmen beten? Antje Maurer zeigt mit ihrer Übertragung ausgewählter Psalmen, dass dies sehr wohl geht. Ja, dass es sich geradezu anbietet, die Lebenswelt eines Kindes mit der des Psalmbeters in Verbindung zu bringen. Die von ihr ausgewählten Texte hat sie in drei Kategorien gegliedert, die Gott als Freund und sowohl als Begleiter in fröhlichen Stunden als auch in Situationen der Angst vorstellen: als verlässlichen Partner, der immer ein offenes Ohr hat.

So ist ein überzeugendes didaktisches Konzept gelungen, um Kindern die Welt der Psalmen zu erschließen. Dies gilt nicht zuletzt für die Kehrverse, die sich sehr gut als Merksätze und zu einem Leitmotiv für den Tag eignen – als Vergewisserung: Ich bin Gott wichtig.

Der Band ist als Arbeitsbuch konzipiert, das sich an Erzieherinnen und Erzieher, Religionslehrerinnen und -lehrer, Pfarrerinnen und Pfarrer, aber auch an ehrenamtliche Mitarbeiterinnen und Mitarbeiter in der Arbeit mit Kindern in der Gemeinde richtet. Es dürfte aber ebenso Eltern und Großeltern eine wertvolle Hilfe sein, mit Kindern das Beten einzuüben – es nicht als etwas Aufgesetztes, sondern als etwas zum Leben selbstverständlich Dazugehöriges zu betrachten. Denn wir leben von Voraussetzungen, die wir selbst nicht garantieren können. Das Beten lehrt diese Einsicht. Und es vermittelt Zuversicht und Hoffnung in den schwierigen Situationen des Lebens. Diese Einsicht gilt es nicht nur Kindern zu vermitteln, sondern auch Erwachsenen. Bei diesem Buch haben beide etwas davon: Kinder und Erwachsene.

Rethmar bei Hannover, im Juli 2002   Udo Hahn

Zum Gebrauch dieses Buches

Jedem Psalm ist eine Doppelseite sowie eine Seite im Materialanhang gewidmet.

Auf der *linken Seite* der Doppelhälfte finden Sie:

Die Übertragung des Psalms, dessen Kehrvers mit den Kindern gemeinsam gesprochen, bzw. gesungen wird.

Auf der *rechten Seite* finden Sie:

I. Eine kurze Einführung in das Thema sowie den Bezug zur Gedankenwelt der Kinder.
II. Eine kurze Anregung zur Einordnung des Psalms im Jahreslauf.
III. Ideen zur Erarbeitung des Psalms:
   Miteinander beten
   Miteinander reden (Ideen zur Gesprächsführung mit Impuls)
   Miteinander kreativ sein
   Miteinander feiern
   Miteinander singen
(Diese Ideen können je nach Altersgruppe der Kinder verändert werden.)

Im *Materialanhang* finden Sie:

Gebete, Vorlagen, die Sie auf dem Kopierer vergrößern müssen, Bastelanleitungen, Anleitungen zum Feiern sowie Lieder. Sie sind im Text mit „**M**" gekennzeichnet.
Bitte planen Sie Vorbereitungszeit ein!

Am *Ende des Materialanhanges* finden Sie:

Einen Vorschlag einer Ordnung zum Erleben der Psalmen mit Kindern.

Verwendete *Liederbücher* und ihre Abkürzungen:

1. Das Liederbuch zum Umhängen. 100 der schönsten religiösen Kinderlieder, Menschenkinder Verlag, 7. Aufl., Münster 2001 (zitiert: LzU).
2. Menschenskinderlieder. Ein Liederbuch zu den Kinderkirchentagen und darüber hinaus, Beratungsstelle für Gestaltung von Gottesdiensten und anderen Gottesdienstveranstaltungen, Eschersheimer Landstraße 565, 60431 Frankfurt, 17. Aufl. 1996 (zitiert: MKL).

Verwendete *Kinderbibel*:

Anne de Vries, Die Bibel unserer Kinder, Katholisches Bibelwerk GmbH, Stuttgart, 6. Aufl. 1995 (zitiert: DbuK).

Ich trau dir, Gott,
Du bist mein Freund!

Clemens, 7 Jahre

PSALM | 1

Gott, ich brauche dich zum Leben wie Wasser

Wer Gott seinen Freund sein lässt und ihm vertraut,
wer so lebt, wie Gott es gerne möchte,
der hat ein glückliches Leben.

Gott, ich brauche dich zum Leben wie Wasser

Der ist wie ein Baum,
der an einem Bach wächst.
Seine Wurzeln können im Wasser so viel trinken,
wie er zum Leben braucht.
Er bekommt saftige Blätter
und große Früchte.

Gott, ich brauche dich zum Leben wie Wasser

So gut wie diesem Baum
geht es dem Menschen,
der Gott seinen Freund sein lässt und ihm vertraut.

Gott, ich brauche dich zum Leben wie Wasser

Den anderen aber,
die über Gott nur lachen und sagen:
Dich brauche ich nicht,
dich sehe dich nicht,
dich kenne ich nicht –
denen wird es schlecht gehen.
Denn ohne Gottes Freundschaft
kann keiner glücklich leben.

Gott, ich brauche dich zum Leben wie Wasser

Wie ein Baum das Wasser zum Leben braucht,
so braucht der Mensch Gottes Freundschaft zum Leben. Amen

I. Thema

Der 1. Psalm eröffnet die Sammlung des Psalters. Sein Beter hat im Leben erkannt, wohin ein gottesfürchtiges bzw. gottloses Leben führt. Er weiß: Es lohnt sich, bei Gott zu bleiben. So wie Leben ohne Wasser nicht möglich ist, so ist es auch ohne Gott nicht möglich. Gott will Lebenswasser sein. Mit Kindern, die um die Notwendigkeit von Wasser wissen, ist diese doppelte Bedeutung von Wasser zu erarbeiten.

II. Einordnung im Jahreslauf

In der Sommerzeit, in der „Durst-Zeit"

III. Erarbeiten

Miteinander beten (**M1** und **M2**)

Miteinander reden

Impuls	Zwei Wasserschüsseln werden aufgestellt, die eine ist mit warmem, die andere mit kaltem Wasser gefüllt. Die Kinder fühlen, riechen und schmecken das Wasser.
Gespräch	Mit den Kindern überlegen: Wer braucht Wasser? Wozu brauchen wir Wasser? Wo kommt das Wasser her? Sie begreifen, dass ohne Wasser kein Leben möglich ist.

Gemeinsames Psalmgebet

Mit den Kindern erarbeiten, was Freundschaft für sie bedeutet. Mit ihnen erarbeiten, was es für sie bedeuten kann, Gott zum Freund zu haben: er schenkt das Leben, Familie und Freunde. Er macht mutig und tröstet etc. Ihnen den Vergleichspunkt „vertrauender Mensch = trinkender Baum" nahe bringen. Mit den Kindern erarbeiten, wie sie Freundschaften untereinander und die Freundschaft mit Gott pflegen können: auf den anderen Acht geben, teilen, zuhören, Unrecht eingestehen und wieder gut machen etc.

Schlusswort *Wir brauchen Wasser zum Leben. Gott will für uns wie lebendiges Wasser sein.*

Miteinander kreativ sein

Eine „Wasserbar" einrichten (**M3**)

Miteinander feiern

Das Wasser feiern (**M4**)

Miteinander singen

Wer sich auf Gott verlässt (LzU, 92,1+2)

PSALM 23

Gott, du bist mein guter Hirte

Gott ist so gut zu mir
wie ein guter Hirte
zu seinen Schafen.
Es fehlt mir nichts.
Er zeigt mir grüne saftige Wiesen
auf denen ich genug zu essen finde.
An einem ruhigen Platz
darf ich frisches Wasser trinken.
Ich bekomme neue Kraft.

Gott, du bist mein guter Hirte

Gott ist mit mir auf dem Weg.
Selbst wenn ich durch enge Schluchten ziehen muss,
weiß ich, dass du bei mir bist.
Mit deinem Hirtenstab beschützt du mich.
Ich habe keine Angst mehr.

Gott, du bist mein guter Hirte

Wenn ich müde bin,
lädst du mich zu dir ein.
Ich darf mich bei dir ausruhen.
Immer wieder sagst du mir,
dass du mich magst
und dass ich etwas Besonderes bin.

Gott, du bist mein guter Hirte

Gott, du bist so gut zu mir.
Du bist zu mir wie ein guter Hirte
und ich weiß:
Du wirst mein ganzes Leben lang bei mir sein.

Gott, du bist mein guter Hirte. Amen

I. Thema

In diesem bekanntesten aller Psalmen spüren wir die tiefe Geborgenheit des Beters bei Gott, die er wie ein guter Hirte dem schenkt, der mit ihm gehen will. Die Gefahren des Lebens sind dabei nicht aufgehoben, verlieren aber ihren Schrecken.
Kinder wünschen sich oft Tiere, die sie versorgen können. Über das Bild des Hirten kann mit ihnen erarbeitet werden, welche Bedeutung das Sorgen und Versorgen in der Beziehung zwischen den Menschen, aber auch zwischen Gott und den Menschen hat.

II. Einordnung im Jahreslauf

2. Sonntag nach Ostern (Misericordias Domini = Hirtensonntag)

III. Erarbeiten

Miteinander beten (**M1** und **M2**)

Miteinander reden

Impuls   Verschiedene Stofftiere in die Mitte legen. Noch besser:
                Ein lebendes Haustier mitbringen (lassen): Kaninchen etc.

Gespräch   Mit den Kindern überlegen, was ein solches Tier zum
                Leben braucht, wie es versorgt werden muss, was dem Tier
                schadet etc.
                Mit den Kindern erarbeiten, was sie über den Beruf des Hirten,
                seine Freuden und Gefahren wissen.

Gemeinsames Psalmgebet

Mit den Kindern erarbeiten, dass das Bild des Hirten sich auf Gott und uns Menschen bezieht. Überlegen, wie Gott ihnen gegenüber sein Hirtenamt ausübt.
Die Kinder Sätze bilden lassen mit dem Anfang: *Gott ist mein guter Hirte, weil ...* (er mich in der Schule/im Kindergarten beschützt etc.).

Miteinander kreativ sein

Eine möglichst große Kopie einer Hirtenfigur bemalen oder bekleben.
Mit den Älteren aufschreiben: Gott, du bist mein guter Hirte, weil ... (**M3**)

Miteinander feiern

Es wie die Hirten machen: Grillen, lange aufbleiben, draußen schlafen ...

Miteinander singen

Guter Gott, dankeschön (ML C12)

PSALM 62

Mein Gott, ich trau dir!

So hat König David gesungen:
Wenn ich an Gott denke,
bin ich nicht mehr traurig.
Ich weiß, dass er mir helfen wird.
Er ist mein Fels, meine Hilfe und meine Burg.

Mein Gott, ich trau dir!

Zu denen, die mir Böses wollen, sage ich:
Ihr alle wollt gegen mich kämpfen?
Das ist doch so, als lauft ihr gegen eine Mauer,
die schon eingestürzt ist,
oder eine Wand, die fast zusammen gefallen ist!
Ihr wollt mich nicht mehr als euren König haben.

Mein Gott, ich trau dir!

Aber ich fürchte mich nicht,
denn Gott macht mir neuen Mut.
Er ist mein Fels, mein Hilfe und meine Burg.
Er ist mein Schutz.
Ich werde nicht umfallen.
Darum macht es mir nach:
Vertraut auch ihr ihm alle und
traut nicht denen, die Böses tun!
Sie werden schon sehen, was sie davon haben:
So wie der Wind kommt und wieder geht,
verschwinden sie und ihr Leben geht zu Ende.

Mein Gott, ich trau dir!

Gott redet mit mir und ich höre es.
Er ist stark und meint es gut mit mir.

Mein Gott, ich trau dir! Amen

I. Thema

Viele gegen einen. In der Bedrängnis zugleich aber auch das Vertrauen, von Gott beschützt zu sein, der wie ein Fels in der Brandung oder eine uneinnehmbare Burg fest steht. Dieser Vertrauenspsalm lädt ein, mit den Kindern über die Situation „Viele gegen einen" nachzudenken.

II. Einordnung im Jahreslauf

Besonders bei Konfliktsituationen im Geschwister- und Freundeskreis, in Kindergarten und Schule

III. Erarbeiten

Miteinander beten (**M1** und **M2**)

Miteinander reden

Impuls	Die Kinder bilden eine Mauer, indem sie sich in eine Reihe stellen und fest unterhaken. Ein Kind versucht, diese Mauer zu „erstürmen". Es wird abgewehrt werden. Nachdem jedes Kind probiert hat, bilden die Kinder eine „eingestürzte" Mauer. Jedes zweite Kind sitzt oder liegt auf dem Boden. Die anderen Kinder stehen unverbunden in der Reihe. Jetzt wird die Erstürmung gelingen.
Gespräch	Mit den Kindern überlegen, wie die Mauer beschaffen sein musste, damit die Erstürmung gelingen konnte, und wie sie sich gefühlt haben, als sie allein gegen viele standen.

Gemeinsames Psalmgebet

Den Kindern von der schwierigen Beziehung des jungen David zu König Saul erzählen, der Angst hatte, der Junge würde ihm seinen Thron streitig machen. Deshalb trachtete Saul David nach dem Leben. (Lies DbuK S. 98 ff.).
Mit den Kindern überlegen, ob und wann sie in ihrem Alltag die Situation „Einer gegen viele" schon einmal erlebt haben und wie sie den Konflikt lösen konnten. Wer hat ihnen dabei geholfen? Wer oder was macht sie stark?

Miteinander kreativ sein

Mauersteine beschriften und zu einer Mauer zusammenkleben (**M3**)

Miteinander feiern

Sich gegenseitig das Vertrauen beweisen: Vertrauensspiele machen (**M4**)

Miteinander singen

Das wünsch ich sehr, dass immer einer bei mir wär' (MKL 5)

PSALM 63

Gott, du bist für mich so wichtig wie Essen und Trinken!

So sprach David,
als er vor König Saul in die Wüste floh:
Gott, ich suche dich.
Ich habe Durst nach dir,
ich habe Hunger nach dir.

Gott, du bist für mich so wichtig wie Essen und Trinken!

Denn du bist groß und stark.
Das Wichtigste in meinem Leben ist für mich,
dass du mich beschützt und mit mir gehst.
Du bist für mich so wichtig wie Essen und Trinken.
Deshalb werde ich dich loben, solange ich lebe,
sogar in der Nacht, wenn die anderen schlafen.

Gott, du bist für mich so wichtig wie Essen und Trinken!

Du bist mir eine große Hilfe.
Im Schatten deiner Flügel,
die du über mich ausgebreitet hast
wie ein großer Vogel,
freue ich mich.
Ich hänge an dir,
denn du beschützt mich
und zeigst mir meinen Weg.

Gott, du bist für mich so wichtig wie Essen und Trinken!

So stark ist meine Wut auf die,
die mir Böses tun,
dass ich ihnen nur Schlechtes wünsche:
Wilde Tiere sollen sie zerreißen.
Aber ich freue mich über Gott
und jeder soll es mir nachmachen!

Gott, du bist für mich so wichtig wie Essen und Trinken! Amen

I. Thema

Was ist das Wichtigste in meinem Leben? Der Beter dieses Psalms weiß um die Lebensnotwendigkeit von Essen und Trinken. Zugleich hat er in der Not der Verfolgung erkannt, dass auch Gott für ihn ein unverzichtbares „Lebensmittel" ist. Ihm spricht er deshalb sein Vertrauen aus und schenkt ihm sein uneingeschränktes Lob.

II. Einordnung im Jahreslauf

Zu allen Zeiten

III. Erarbeiten

Miteinander beten (**M1** und **M2**)

Miteinander reden

Impuls   Verschiedene Lebensmittel, die Kinder gern essen, liegen in der Mitte.

Gespräch   Mit den Kindern überlegen, was ihr Lieblingsessen und ihr Lieblingsgetränk ist und auf welches Lebensmittel sie nicht verzichten möchten. Mit ihnen die nicht ess- und trinkbaren „Lebensmittel" erarbeiten (Liebe, Trost, Hilfe etc.).

Gemeinsames Psalmgebet

Den Kindern von Davids Bedrängung durch König Saul erzählen, der ihm aus Eifersucht nach dem Leben trachtete. (Lies DbuK S. 98 ff.).
Mit ihnen erarbeiten, welches Lebensmittel neben Wasser und Brot für David in der Wüste wichtig war.
Mit den Kindern Sätze formulieren, wie z. B: *Gott ist für mich Lebensmittel, weil ...* er das Korn für mein Brot wachsen lässt, weil er auf dem Weg zur Schule/zum Kindergarten auf mich aufpasst, weil er mir Freunde schenkt etc.

Miteinander kreativ sein

Davids Wandertasche basteln, in der er das Wichtigste hatte, was er für seine Flucht in die Wüste brauchte: Brot und Wasser (**M3**)

Miteinander feiern

In großer Hitze, mit Hunger und Durst, reichen trockenes Brot und Wasser, um wieder zu Kräften zu kommen. Wir teilen Fladenbrot und einen Krug Leitungswasser.

Miteinander singen

Danket, danket dem Herrn, denn er ist sehr freundlich (MKL 4)

PSALM 71

Herr, ich fühle mich bei dir geborgen!

Herr, ich fühle mich bei dir geborgen.
Ich weiß, dass du mir zuhörst, wenn ich zu dir bete.
Nun bitte ich dich: rette mich,
denn ich bin in Not geraten.
Du bist für mich wie ein Fels und eine starke Burg.
Dahin kann ich mich flüchten.
Schon seitdem ich geboren war, habe ich dir vertraut.
Als ich aus dem Bauch meiner Mutter
gekommen bin, warst du bereits bei mir.
Dafür danke ich dir.

Herr, ich fühle mich bei dir geborgen!

Nun bitte ich dich, weil ich alt geworden bin
und meine Kräfte nachlassen:
Lass nicht zu, dass Menschen mir Böses tun!
Ich will dann überall von dir erzählen.
Alle sollen wissen, dass du ein guter Gott bist.

Herr, ich fühle mich bei dir geborgen!

Seitdem ich ein Kind war
hast du mir alles über dich beigebracht,
und bis heute erzähle ich von deinen Wundern.
Jetzt, wo ich alt geworden bin, bitte ich:
Verlass mich nicht und tröste mich!
Denn keiner ist so groß wie du.

Herr, ich fühle mich bei dir geborgen!

Darum will ich dich loben mit meinen Lippen
und meinen Instrumenten.
Ich will dir von Herzen danken,
dass du bei mir bist.

Herr, ich fühle mich bei dir geborgen! Amen

I. Thema

In diesem Vertrauenspsalm spricht der alt gewordene Beter Gott sein Vertrauen aus. Die Frage des persönlichen Alterns spielt für Kindergarten- und Schulkinder noch keine Rolle. Sie haben jedoch Groß- bzw. Urgroßeltern. Es bietet sich an, gemeinsam mit junger und älterer Generation zu entdecken: Gott will für jeden von uns da sein, ob er jung oder alt ist.

II. Einordnung im Jahreslauf

Gemeinsame Andacht von Senioren und Kindern zu Beginn eines Seniorennachmittags oder in einem Seniorenheim

III. Erarbeiten

Miteinander beten (**M1** und **M2**)

Miteinander reden

Impuls   Eine Sanduhr wird in der Mitte aufgestellt und umgedreht. „Mein Leben erinnert mich an eine Sanduhr: Wenn ich Kind bin, dauert es noch ganz lange, bis der Lebens-Sand nach unten gerieselt ist. Wenn ich ein junger Erwachsener bin, kommt mir der übrige Sand wertvoller vor, wie *Silber*. Wenn ich alt geworden bin, kommt er mir so wertvoll wie *Gold* vor. Bald ist der Sand durchgerieselt. Ich sterbe."

Gespräch   Die Kinder von ihren Träumen erzählen lassen: Was möchten sie werden, wie möchten sie leben, wenn sie erwachsen sind? Die Senioren erzählen lassen: Wie würden sie leben wollen, wenn sie noch einmal jung wären?

     Gemeinsames Psalmgebet

     Die Kinder/die Senioren erzählen, was und wer sie in Notsituationen behütet und ihnen geholfen hat.

Schlusswort   *Gott ist ein Gott für die Alten und die Jungen, für die Großen und die Kleinen, ein Gott für jeden Tag, gleich wie viel Sand in der Lebens-Uhr noch drin ist.*

Miteinander kreativ sein

Ein Sanduhr mit gelben, silbernen oder goldenen Buntpapierfetzen bekleben (**M3**)

Miteinander feiern

Miteinander „Heidesand" essen (**M4**)

Miteinander singen

Ausgang und Eingang (MKL 2)

PSALM 73

Gott, dir kann ich vertrauen

Jemand hat mir gesagt:
Wer Gott sucht,
der wird ihn finden.
Bei mir war das ganz anders:
Ich habe Gott gesucht und nicht gefunden.
Ich habe immer versucht, Gutes zu tun,
um Gott zu gefallen.
Trotzdem ging es mir schlecht.
Ich habe aber erleben müssen,
dass es den Menschen gut geht,
die schlecht über Gott reden und Böses tun.
Ich habe das nicht verstanden.

Gott, dir kann ich vertrauen

Ich war ein Dummkopf.
Aber dann besuchte ich dich, Gott, in deinem Tempel.
Dort habe ich verstanden, was du vorhast mit denen,
die Böses denken und tun:
Du wirst ihnen kein Freund sein,
es wird ihnen schlecht gehen.

Gott, dir kann ich vertrauen

Aber ich halte mich immer zu dir, mein Gott.
Du hältst mich fest an der Hand und führst mich
auf dem Weg durch mein Leben.
Und wenn ich gestorben bin,
darf ich bei dir im Himmel wohnen.
Wer von dir weggeht, wird sterben,
ich aber vertraue dir
und erzähle, was du Gutes für uns Menschen tust.

Gott, dir kann ich vertrauen. Amen

I. Thema

Der Beter dieses Vertrauenspsalms hat erfahren, dass das weisheitliche Denken, dass es dem gut geht, der sich zu Gott hält, für ihn nicht stimmt. Er hat jedoch erkannt, dass die augenscheinliche Ungerechtigkeit doch Gerechtigkeit birgt. Denn Gott wird spätestens im Tod zu ihm stehen. Der Beter spricht ihm deshalb sein uneingeschränktes Vertrauen aus. Mit Kindern bietet sich das Nachdenken über ihre Erfahrungen von „guten" und „schlechten" Tagen an und wer ihnen darin zur Seite steht.

II. Einordnung im Jahreslauf

Zu allen Zeiten

III. Erarbeiten

Miteinander beten (**M1** und **M2**)

Miteinander reden

Impuls	Eine Schachtel mit Kopfschmerztabletten liegt in der Mitte: „Gestern ging es mir schlecht, weil ich starke Kopfschmerzen hatte. Aber N.N. hat mir Medizin gegeben und es ging mir schnell besser."
Gespräch	Die Kinder formulieren gute und schlechte Lebenserfahrungen, die sie bisher gemacht haben (Krankheiten, Ungerechtigkeit u.a.).

Gemeinsames Psalmgebet

Mit den Kindern erarbeiten, dass ein guter bzw. schlechter Zustand auch immer etwas mit Menschen zu tun haben kann, die ihn entweder verursachen oder helfen, ihn zu überwinden. Sie begreifen auch, dass Unrecht nicht immer gesühnt wird. Mit den Kindern erarbeiten, welche Menschen ihnen in guten und schlechten Tagen zur Seite stehen. Sie bekommen zugesprochen, dass Gott für sie da sein möchte.

Miteinander kreativ sein

Ein Platzdeckchen zum Verschenken basteln. Die Kinder danken damit einem Menschen (z. B. Vater/Mutter) für Vertrauen und Hilfe (**M3**).

Miteinander feiern

Die Eltern werden zum Ende der gemeinsamen Zeit eingeladen. Sie bekommen die Platzdeckchen und feiern die Schlussliturgie mit.

Miteinander singen

Danket, danket dem Herrn (MKL 4)

PSALM 84

Gott, ich bin gerne bei dir

Gott, ich besuche dich gerne in deinem Tempel.
Er ist deine schöne Wohnung hier auf der Erde.
So wie der Vogel sich mit seinen Jungen
in seinem Nest zu Hause fühlt,
das er in deinen Mauern gebaut hat,
so fühle ich mich bei dir im Tempel zu Hause.

Gott, ich bin gerne bei dir

Alle Menschen, die zu dir gehören,
sind fröhlich.
Auch wenn sie Trauriges erleben,
fühlen sie sich bei dir aufgehoben.

Gott, ich bin gerne bei dir

Ich möchte lieber nur einen Tag
in deinem Tempel bei dir sein,
als tausend Tage leben,
ohne dich zu besuchen.
Ich will lieber nur an der
Tür des Tempels stehen,
als in einem schönen Haus
bei bösen Menschen zu wohnen.
Denn du bist für mich wie die Sonne,
die mir Licht und Wärme schenkt.
Du bist für mich wie ein Schild,
der mich vor Schlägen und Stichen bewahrt.

Gott, ich bin gerne bei dir. Amen

I. Thema

In diesem Psalm werden Lob, Sehnsucht und Vertrauen im Angesicht des Tempels in Jerusalem ausgedrückt. Nach Auffassung der frommen Israeliten wohnte an diesem Ort Gottes Herrlichkeit auf der Erde. Für Kinder ist der Wohnort Gottes als „Himmel" klar definiert. Im Nachdenken über diesen Psalm können sie begreifen, dass Gottes Gegenwart nicht an einen festen Ort gebunden ist.

II. Einordnung im Jahreslauf

Zu allen Zeiten, besonders bei Zuzug oder Wegzug eines Kindes

III. Erarbeiten

Miteinander beten (**M1** und **M2**)

Miteinander reden

Impuls	Ein Haustürschlüssel und ein Stadtplan liegen in der Mitte. Ich wohne in N.N. in der N.N. Straße. Wo wohnt ihr?
Gespräch	Die Kinder nennen ihre Adresse und Telefonnummer. Die Kinder erzählen von ihren Erinnerungen bzgl. Umziehen, Herziehen oder Wegziehen. Ihre Adressen werden auf Etiketten geschrieben und auf den Stadtplan geklebt. Mit den Kindern über den Wohnort Gottes nachdenken.

Gemeinsames Psalmgebet

Ihnen erzählen, dass die alten Israeliten glaubten, Gott wohne auf der Erde (nur) im Tempel.
Mit ihnen erarbeiten, dass Gottes Gegenwart nicht an einen festen Ort, z. B. Kirche oder „Himmel" gebunden ist. Gott wohnt da, wo man ihn einlässt. Kirche will aber ein besonderer Ort sein, an dem man mit anderen gemeinsam Gottes Nähe erfahren kann.

Miteinander kreativ sein

Ein Haus aus Bastelkarton basteln: „Hier wohne ich" (**M3**).

Miteinander feiern

Für weg- oder zuziehende Kinder ein Fest mit Liedern, Spielen, Essen und Trinken feiern. Sie Gott (in der Kirche) „vorstellen" und eine Fürbitte für sie sprechen.

Miteinander singen

Gott ist mitten unter uns (LzU 35)

P<small>SALM</small> | 91

Gott beschützt mich

Wer Gott bei sich wohnen lässt,
der kann sagen:
Gott, du bist wie eine Burg,
in die ich flüchten kann,
wenn ich mich bedroht fühle.

Gott beschützt mich

Wenn böse Menschen dich wie einen Vogel
mit einem Netz fangen wollen, rettet er dich.
Er bedeckt dich mit seinen großen Flügeln
wie eine Vogelmutter ihre Jungen.
Du musst dich nicht vor der Dunkelheit
in der Nacht fürchten,
nicht vor Gefahren und Krankheiten.
Du brauchst dich nicht zu fürchten,
aber die Bösen wird Gott bestrafen.

Gott beschützt mich

Denn Gott hat seinen Engeln befohlen,
dass sie dich auf deinem Weg beschützen sollen.
Dass sie dich auf ihren Händen tragen,
damit du dich beim Laufen
nicht an Steinen verletzt
oder wilde Tiere dich beißen.

Gott beschützt mich

Gott sagt:
Er ist mein Freund.
Ich werde ihm helfen
wenn er in Not ist.
Ich werde ihn groß und stark machen.
Er soll ein langes und schönes Leben haben.

Gott beschützt mich. Amen

I. Thema

In diesem Psalm spricht der Beter Gott sein tiefes Vertrauen aus.
Die verwendeten Bilder der Burg und der Vogelmutter sind den Kindern
vertraut. Dass die schützenden Engel Gottes uns in jedem Menschen
begegnen können, ist mit ihnen zu erarbeiten.

II. Einordnung Jahreslauf

Tag des Erzengels Michael (18.Sonntag nach dem Trinitatisfest)

III. Erarbeiten

Miteinander beten (**M1** und **M2**)

Miteinander reden

Impuls   Weihnachtsbaumschmuck „Engel" in die Mitte legen.

Gespräch   Mit den Kindern erarbeiten, wie sie sich das Leben hinter
geschützten Burgmauern vorstellen.

Gemeinsames Psalmgebet

Mit den Kindern erarbeiten, inwiefern sich der Beter von Gott
beschützt fühlt (Burg/Vogelmutter).
Die Kinder erzählen lassen, wie sie sich Engel vorstellen und
welche Aufgaben sie ihrer Meinung nach haben.
Mit den Kindern erarbeiten, dass Engel, die Gott uns schickt,
keine geflügelten Wesen sein müssen, sondern auch
Menschen sein können, die sie jeden Tag treffen. So hat der
menschliche Engel keine Flügel, sondern vor allem zwei Hände
und ein offenes Herz. In jedem menschlichen Engel kommt
für sie ein Stück Himmel auf die Erde.
Mit den Kindern über(-)legen, wer ihre alltäglichen Schutzengel
sind (z. B. die (Groß-)Eltern, der Schülerlotse etc.).
Diese Gedanken auf „Hände" und „Flügel" schreiben (**M3**).

Miteinander kreativ sein

Die Kinder malen die Kopiervorlage „Hände" und „Flügel" bunt aus und
gestalten ein großes Bild (auf großer Pappe oder Stoff) (**M3**).

Miteinander feiern

„Engelsplätzchen" in der Form von Flügeln und Händen backen
und essen (**M4**)

Miteinander singen

Guter Gott, danke schön (MKL 51)

Ich bin froh, zu Gott zu gehören

Ich will Euch erzählen, wie schön es ist,
zu Gott zu gehören:

Wer Gott vertraut und lebt, wie er es will,
dem geht es gut:
Er wird eine große Familie haben
und Gott wird sie beschützen.
Er wird alles zum Leben haben, was er braucht.

Ich bin froh, zu Gott zu gehören

Wie ein helles Licht wird er für andere Menschen strahlen
und für sie da sein, wenn sie ihn brauchen.
Von seinem Reichtum wird er verleihen.
Gut und gerecht wird er sein.

Ich bin froh, zu Gott zu gehören

Er wird sein ganzes Leben lang Gott gehorchen.
Er wird mutig sein und
braucht keine Angst mehr vor anderen zu haben:
nicht vor denen, die ihn auslachen, nicht vor denen, die Gott auslachen.
Er darf stolz darauf sein, zu Gott zu gehören.
Er ist gut zu anderen, deshalb geht es auch ihm gut.

Ich bin froh, zu Gott zu gehören

Die ohne Gott leben wollen, ärgern sich.
Dabei können sie doch auch zu Gott gehören!

Ich bin froh, zu Gott zu gehören. Amen

I. Thema

In diesem Psalm zählt der Beter auf, warum es sich lohnt, Gott zu vertrauen und seinem Willen gemäß zu leben: „Tue Gutes, dann geht es dir gut" – so entspricht es alttestamentlich-weisheitlichem Denken. – Was gehört mir, wem gehöre ich, welche Erfolge habe ich in meinem Alltag und welche Rolle spielt Gott dabei? – Das sind Themen, die im Rahmen dieses Psalms mit Kindern besprochen werden können.

II. Einordnung im Jahreslauf

Zu allen Zeiten

III. Erarbeiten

Miteinander beten (**M1** und **M2**)

Miteinander reden

Impuls	In der Mitte liegen verschiedene persönliche Dinge, z.B. ein Buch, Fotos, ein Schmuckstück, Musikinstrument etc. „Das alles gehört mir und noch viel mehr ..."
Gespräch	Kinder zählen auf, was ihnen alles gehört. Mit den Kindern überlegen, ob und wie Menschen einander gehören können, z. B. Kinder, Ehepartner o. Ä.

Gemeinsames Psalmgebet

Mit den Kindern erarbeiten, was es bedeutet, Gott zu gehören, und welche Vorzüge der Beter darin sieht. Darüber nachdenken, dass aber auch Menschen, die Gutes tun, von schlechten Lebenserfahrungen nicht verschont bleiben. Mit den Kindern überlegen, was sie gut können und welchen Erfolg ihre Bemühungen im Alltag haben (z. B. Fleiß in der Schule, sich vertragen, einander helfen etc.) Mit ihnen erarbeiten, dass Gott seine Kraft dazu schenken möchte und im Gebet um Hilfe gebeten werden kann. Mit den Kindern darüber nachdenken, was sie abgeben können von dem, was ihnen gut tut (Spielsachen, Zeit ...).

Miteinander kreativ sein

Medaillons basteln und malen: Der/Die gehört zu mir (**M3**)

Miteinander feiern

Eine Tauschbörse abhalten (**M4**)

Miteinander singen

Kinder können viele Sachen (MKL 145)

P<small>SALM</small> 121

Gott behütet dich

Wer behütet mich, wenn ich von zu Hause weggehe
und unterwegs bin (zum Kindergarten, zur Schule, zur Arbeit)?

Gott, der Himmel und Erde gemacht hat.
Gott wird nicht zulassen,
dass dir etwas Schlimmes passiert.
Er schläft nie und er ruht sich auch nie aus,
weder bei Tag noch bei Nacht.

Gott behütet dich

Gott behütet dich.
Wie die Sonne Schatten wirft,
so wirft Gott seinen Schatten über dich.
Er sorgt dafür, dass du auf deinem Weg
die Kraft nicht verlierst.

Gott behütet dich

Er passt auf, dass dich am Tag weder
die Sonne mit ihrer Hitze sticht
noch in der Nacht der Mond mit seiner Kälte.
Gott behütet dich vor allem Bösen.
Er behütet dein Leben.
Er behütet dich, wenn du weggehst
und wenn du wiederkommst.

Gott behütet dich. Amen

(Die Kinder deuten beim Kehrvers mit ihren Händen einen Hut auf dem Kopf an.)

I. Thema

Diesem Psalm, wahrscheinlich von Pilgern zum Tempel nach Jerusalem gesprochen, die in ihre Heimat zurückkehrten, liegt die alltägliche Situation des Abschiednehmens zu Grunde, in dem der Reisende sich Gottes Schutz vergewissern möchte und um einen Reisesegen bittet. Die Situation des Weggehens und Abschiednehmens, sei es im Kleinen jeden Tag oder vor großen Reisen, ist Kindern vertraut und soll hier vertieft werden.

II. Einordnung im Jahreslauf

Sommerferienbeginn in Kindergarten und Schule, ein heißer Sommertag

III. Erarbeiten

Miteinander beten (**M1** und **M2**)

Miteinander reden

Impuls   Verschiedene Hüte in die Mitte legen

Gespräch   Mit den Kindern überlegen, wozu man einen Hut braucht.

            Gemeinsames Psalmgebet

            Den Kindern von den Pilgern nach Jerusalem erzählen, die zum Teil eine weite Reise auf sich nahmen, um im Tempel in Jerusalem Gott anzubeten. Ihnen erzählen, dass vor der Stadt die Wüste Juda beginnt, in deren Berge sich leicht Verbrecher verstecken konnten.
            Mit den Kindern überlegen, wie sich der Wanderer gegen böse Menschen und Hitze auf dem Weg schützen konnte. Mit den Kindern erarbeiten, dass der Beter darauf vertraut, mit Gott als Wegbegleiter vor den Gefahren des Weges geschützt zu sein.
            Mit den Kindern erarbeiten, wer sie auf ihrem Weg in und durch die Ferien beschützt.

Miteinander kreativ sein

Behüten kommt von Hut. Wir basteln einen Sonnenhut (**M3**)

Miteinander feiern

Mit den Kindern draußen Sonne und Schatten entdecken und versuchen, einen eigenen Schatten zu werfen.
Ein Schattenspiel machen (einer macht etwas vor, der andere muss genau dasselbe nachmachen).

Miteinander singen

Halte zu mir, guter Gott (MKL 52)

PSALM | 127

Gott, wohne bei mir!

Wenn Gott mit in eurem Haus wohnt
und eure Familie behütet,
dann geht es euch gut.
Ohne Gott könnt ihr nicht leben,
ohne Gott ihr euch nicht beschützen.

Gott, wohne bei mir!

Früh am Morgen steht ihr auf,
spät am Abend geht ihr ins Bett.
Wenn ihr wisst, dass Gott bei euch ist,
dann wird der Tag gut für euch werden.

Gott, wohne bei mir!

Ihr Kinder seid ein Geschenk Gottes.
Mit euch belohnt Gott eure Eltern.
Gemeinsam müsst ihr keine Angst haben.

Gott, wohne bei mir! Amen

Clemens, 8 Jahre

I. Thema

Dieser Psalm nimmt das Bild des Hauses in doppelter Bedeutung auf:
Es ist zum einen das Haus Gottes, der Tempel gemeint, der nach der
Zerstörung durch die Babylonier wieder aufgebaut werden soll, zum anderen
ist das Haus Israel mit seinen vielen Sippen-Häusern gemeint. Der rein
familiäre Aspekt des Hauses und die Frage, was die Familie stark macht,
ist der Lebenswelt der Kinder zugänglich und soll mit ihnen erarbeitet werden.

II. Einordnung im Jahreslauf

Zu allen Zeiten, besonders wenn die Familie gefeiert werden soll

III. Erarbeiten

Miteinander beten (**M1** und **M2**)

Miteinander reden

Impuls   Ein Foto des Wohnhauses der Leiterin/des Leiters wird in die
Mitte gelegt. Nacheinander werden Fotos von Menschen
dazugelegt: „Hier wohne ich. Mein Wohnung/ mein Haus steht
in N.N. Hier lebe ich mit N.N. …"

Gespräch   Die Kinder zählen auf, wo und mit wem sie zusammen leben.
Wie sieht ihr Alltag aus? Welche Aufgaben hat jeder Einzelne?
Wer sorgt für wen? Wer passt auf wen auf?
Sie erkennen, dass jeder seine Aufgabe hat, auch die Kinder,
die ein Geschenk Gottes für ihre Eltern sind.

Gemeinsames Psalmgebet

Mit den Kindern erarbeiten, dass für den Beter auch Gott ein
wichtiger Hausbewohner ist. Sie überlegen, ob und warum
sie ihn gerne bei sich wohnen lassen würden.

Miteinander kreativ sein

Die Kinder bringen Fotos von Familienmitgliedern mit und kleben sie in
die Fenster „ihres" Hauses ein, das sie bunt ausmalen (**M3**).

Miteinander feiern

Die Leiterin/den Leiter oder ein Kind zu Hause besuchen. Die Zimmer
entdecken. Dessen Familie kennen lernen.

Miteinander singen

Du bist da, wo Menschen leben (MKL 42)

PSALM | 131

Gott, wenn ich an dich denke,
werde ich fröhlich

Dann kann mir nichts mehr Angst machen.
Ich bin ganz ruhig und zufrieden
wie ein Kind,
das an sich an der Brust seiner Mutter
satt getrunken hat
und weiß, dass es beschützt ist.

Gott, wenn ich an dich denke,
werde ich fröhlich. Amen

Christin, 7 Jahre

I. Thema

In diesem Psalm wird das Motiv der Geborgenheit bei Gott wie eines Kindes an der Mutterbrust angesprochen. Kinder haben vielfältige Erfahrungen in der Mutter-, bzw. Vater-Kind-Beziehung, die im Rahmen dieses Psalms besprochen werden können.

II. Einordnung im Jahreslauf

Zu allen Zeiten.
Wenn im Kreis der Kinder ein Geschwisterkind geboren ist

III. Erarbeiten

Miteinander beten (**M1** und **M2**)

Miteinander reden

Impuls	Eine Babypuppe liegt in der Mitte
Gespräch	Das Geschwisterkind vom neuen Baby erzählen lassen. Die Kinder überlegen, ob sie sich an ihre eigene Babyzeit erinnern können. Die Kinder formulieren ihre Erfahrungen zu „Baby" und „Kleinkind": Was kann es, was kann es nicht? Was isst und trinkt es? Wer passt auf? Wer tröstet es, wenn es traurig ist? Wer beschützt es, wenn es Angst hat? Die Kinder formulieren, was ihnen Angst macht und wer ihnen ihre Angst nimmt.

Gemeinsames Psalmgebet

Die Kinder erkennen das Vertrauen des Beters zu Gott, das so tief ist, dass er das Mutterbild dafür benutzt. Sie bekommen zugesagt, dass Gott auch für sie wie eine Mutter, Vater o .Ä. sein will und dass sie sich immer im Gebet an ihn wenden können.

Miteinander kreativ sein

Die Kinder malen eine „Ahnengalerie": Das ist meine Familie (**M3**).

Miteinander feiern

– Besuch des (neugeborenen) Babys und seiner Mutter/seines Vaters
– Die Eltern/Großeltern der Kinder einladen (nach der kreativen Phase). Gemeinsames Gespräch: Warum du für mich wichtig bist! Gemeinsames Feiern der Schlussliturgie.

Miteinander singen

Gott ist mitten unter uns (LzU 35)

Gott, du kennst mich genau

Du weißt alles, was ich tue.
Du weißt, was ich gerne haben möchte und sein möchte.
Du weißt alles, was ich rede.
Du bist um mich herum und beschützt mich.
Das ist so wunderbar, dass ich es kaum verstehen kann.

Gott, du kennst mich genau

Vor dir kann ich nicht weglaufen.
Oben im Himmel und auch unter Erde
würdest du mich entdecken.
Und wenn ich mit den Strahlen der aufgehenden Sonne
um den Erdkreis wandern würde –
selbst dann würdest du mich
an der Hand halten und begleiten.
Sogar in der tiefsten Dunkelheit könntest du mich sehen.

Gott, du kennst mich genau

Du hast mich im Bauch meiner Mutter wachsen lassen.
Ich bin ein Wunder!
Selbst als ich noch nicht geboren war,
hast du mich schon gekannt – und ich dich.

Gott, du kennst mich genau

Niemals werde ich verstehen können,
was du alles denkst.
Du hast so viele Gedanken
wie Sandkörner auf dieser Erde.
Wollte ich sie zählen,
würde ich darüber einschlafen.

Gott, du kennst mich genau!
Gott, du bist überall!
Gott, du bist so groß! Amen.

I. Thema

Der Beter dieses Psalms preist die Allwissenheit, Allgegenwart und die Schöpfung Gottes (insbes. des Menschen). Die Gewissheit, beschützt zu sein in ihrer Welt, die sie Stück für Stück entdecken, ist für die Kinder und ihre Eltern von grundlegender Bedeutung und soll hier vertieft werden.

II. Einordnung im Jahreslauf

Zu allen Zeiten

III. Erarbeiten

Miteinander beten (**M1** und **M2**)

Miteinander reden

Impulse   1. Eine Handvoll Sand liegt in der Mitte
                2. Spiele, die die Gedanken des Psalms aufnehmen (**M3**)

                Gemeinsames Psalmgebet

Gespräch   Mit den Kindern erarbeiten:
- dass niemand Gedanken lesen kann. Die Vorlieben des anderen können sie nur erfragen, nicht erraten. Gott aber kennt sie genau.
- dass der Schnelle weglaufen, der Geschickte sich gut verstecken kann. Vor Gott aber kann niemand weglaufen oder sich vor ihm verstecken.
- dass wir im Dunklen nicht oder nur schwer sehen können. Gott aber sieht uns selbst in der Dunkelheit.
- dass Gott schon vor unserer Geburt bei uns war.
- dass jedes Kind, das geboren wird, etwas Wunderbares ist.
- dass es unmöglich ist, Sandkörner zu zählen. Genauso unmöglich ist es, die Gedanken Gottes zu zählen. Doch auf eines können wir zählen: *Gott ist immer bei uns.*

Miteinander kreativ sein

Einen „Sandkasten" bauen (**M4**)

Miteinander feiern

Geburtstagserinnerung der Kinder mit Liedern, Spielen und Essen feiern.

Miteinander singen

Vom Aufgang der Sonne bis zu ihrem Niedergang (MKL 36)
Dieses Lied kann mit Körperbewegungen gesungen werden, die Auf- und Untergang der Sonne beschreiben.

Sieh mal, Gott,
wie fröhlich ich bin!

Lars, 7 Jahre

PSALM | 8

Gott, du bist groß.
Ich will von dir erzählen jeden Tag

Jedes Kind, das geboren wird, zeigt,
wie groß und herrlich du bist, Gott.
Ein Gotteskind bin auch ich
und darf von dir erzählen jeden Tag.

Gott, du bist groß.
Ich will von dir erzählen jeden Tag

Manchmal darf ich lange aufbleiben.
Dann schaue ich in der Dunkelheit an den Himmel.
Die funkelnden Sterne und der Mond schauen hervor,
wenn die Wolken ihnen Platz machen.

Gott, du bist groß.
Ich will von dir erzählen jeden Tag

So klein wie ein Stern im Weltall bin auch ich,
aber trotzdem erkennst du mich und bist mir nahe.
Du hast mich wunderbar gemacht und mir die schöne Welt gegeben.
Wie ein kleiner König, eine kleine Königin darf ich in ihr wohnen
und glücklich sein.

Gott, du bist groß.
Ich will von dir erzählen jeden Tag

Die Tiere, die auf der Erde leben, hast du mir geschenkt:
Die Kühe, die Schafe, auch die wilden Tiere.
Die Vögel und die Fische hast du gemacht,
damit ich mich freue.

Gott, du bist groß.
Ich will von dir erzählen jeden Tag. Amen

I. Thema

Der Beter dieses Psalms redet von der Bestimmung des Menschen. Er ist nur wenig niedriger als Gott und Herrscher über die Schöpfung. Bereits die Säuglinge und Kinder sind Ausdruck seiner Macht. Es bietet sich zum Ausdruck dieses „Fast-Göttlichen" des Menschen das Bild des Königs, der Königin an. Die Kinder verbinden damit eine herausragende Stellung unter den Menschen. Es sollen die Vorzüge, aber auch die Verantwortung dieses Amtes zur Sprache kommen.

II. Einordnung im Jahreslauf

Zu allen Zeiten. Wenn eine Hochzeit bei Prominenten (bei den Erwachsenen) Aufmerksamkeit erregt

III. Erarbeiten

Miteinander beten (**M1** und **M2**)

Miteinander reden

Impuls   Eine Krone und ein Prinzessinnenkleid (Karnevalsbedarf) liegen in der Mitte.

Gespräch   Mit den Kindern überlegen, wie sich ein König/Königin anzieht, welche Pflichten er/sie ihrer Meinung nach zu erfüllen hat und welche Rechte er/sie hat.

Gemeinsames Psalmgebet

Mit den Kindern erarbeiten, wer im Psalm mit dem König/der Königin gemeint ist und welche Aufgabe er/sie hat.
Mit den Kindern entwickeln, was es bedeutet, verantwortlich über die Schöpfung zu herrschen. Dies kann z. B. am Haustier eines Kindes vertieft werden.

Miteinander kreativ sein

Königskronen aus bunter Pappe basteln/bemalen/bekleben (**M3**)

Miteinander feiern

Mit den Kindern am schön gedeckten Tisch ein „Königliches Mahl" zu sich nehmen. Einen „Königskuchen" miteinander backen (**M4**)
Das Plumpsackspiel als Königsspiel (… der König geht um, wer sich umdreht oder lacht, wird zum König schnell gemacht).

Miteinander singen

Du hast uns deine Welt geschenkt (LzU 14)

PSALM | 19

Hörst du, wie sie reden?
Sei ganz leise, psst …

Der Himmel erzählt von Gottes Herrlichkeit.
Ein Tag sagt es dem andern
und die Nächte flüstern miteinander,
ohne Worte, du kannst es fast nicht verstehen
und doch ist es wahr.

Hörst du, wie sie reden?
Sei ganz leise, pssst …

Gott hat der Sonne
Platz am Himmel gemacht.
Am Morgen geht sie fröhlich auf,
wie ein Bräutigam,
der zu seinem Hochzeitsfest geht.
Frisch ausgeruht
klettert sie am Himmel empor
immer höher und höher,
immer heller und heller.

Hörst du, wie sie reden?
Sei ganz leise, pssst ….

Vom einen Ende der Erde
bis zum anderen zieht sie.
Nichts bleibt vor ihr verborgen.

Hörst du, wie sie reden?
Sei ganz leise, pssst … .Amen

I. Thema

In diesem Psalm geht es um Gottes Wirken als Schöpfer der kosmischen Himmelsmächte. Sie verkündigen seine Größe und Herrlichkeit. Das Kindern vertraute Bild von „Sonne, Mond und Sterne" beinhaltet zugleich: „Was höre und was sehe ich in dieser Welt und wer hat alles geschaffen?" Darüber soll hier nachgedacht werden.

II. Einordnung im Jahreslauf

Zu allen Zeiten

III. Erarbeiten

Miteinander beten (**M1** und **M2**)

Miteinander reden

Impuls   Ein Globus und eine „Schneekugel" liegen in der Mitte.

Gespräch   Mit den Kindern die Himmelsrichtungen erarbeiten und wo die Sonne aufgeht. Ihnen am Globus anschaulich machen, wie die Erde um die Sonne wandert.

Gemeinsames Psalmgebet

Den Kindern vom Weltbild des Psalmisten erzählen, das so ähnlich wie eine „Schneekugel" zu verstehen ist: 1. Unterwelt 2. Erde 3. Himmel 4. Himmelsgewölbe; alles umschlossen vom 5. Urweltozean, den Wassern über der „Feste". Dieses Meer bildet so den dritten Weltteil neben Himmel und Erde. Den Kindern erklären, dass die Menschen damals nicht unsere Erkenntnis vom Weltall und vom Lauf der Sonne hatten. Sie glaubten aber, dass alle Geschöpfe, auch die kosmischen Himmelsmächte (Sonne, Mond, Sterne) aus Gottes Hand kommen. Den Kindern zusprechen, dass auch sie darauf vertrauen dürfen, dass Gott alles geschaffen hat.

Miteinander kreativ sein

Sonnen aus gelber Pappe und Krepp-Papier basteln (**M3**)
Mit den gebastelten Sonne „Vom Aufgang der Sonne" (MKL 36) mit Bewegungen singen.

Miteinander feiern

Das Hören feiern (**M4**)

Miteinander singen

Erd und Himmel sollen singen (MKL 44)

PSALM 30

Danke sage ich dir, Gott,
so viel ich kann!

Als böse Menschen mir Angst gemacht haben,
als ich ganz unten war,
da hast du mir deine Hand gegeben
und mich aus meinem Unglück gerettet.
Als ich dachte: Jetzt ist alles aus,
mein Leben ist zu Ende,
bist du an meiner Seite gewesen
und hast mir wieder Mut gemacht.

Danke sage ich dir, Gott,
so viel ich kann!

Jetzt sage ich allen, die es hören können:
Macht es mir nach und dankt Gott.
Denn wenn ihr denkt,
dass Gott nichts von euch wissen will,
dann habt ihr euch getäuscht.
Und wenn ihr abends noch weinen müsst,
könnt ihr morgens schon wieder lachen,
denn Gott ist bei euch, bei mir, bei uns allen.
Gott macht mich so groß,
als ob ich auf einem hohen Berg stehen würde
und die ganze Welt um mich herum sehen könnte.

Danke sage ich dir, Gott,
so viel ich kann!

Meine Tränen hast du in Lachen verwandelt.
Meine Trauerkleider hast du mir ausgezogen
und mich mit fröhlichen Farben geschmückt.
Deshalb möchtest du, dass ich nicht still bin,
sondern überall von deinen großen Taten erzähle
und dir meinen Dank singe.

Danke sage ich dir, Gott,
so viel ich kann! Amen

I. Thema

Der Beter, der die Tiefe der Verzweiflung kennt, kennt auch den Überschwang der Freude. Dem rettenden Gott gilt sein Lobpreis, zu dem er die ganze Schöpfung aufruft. „Himmelhoch jauchzend – zu Tode betrübt".
Diese Stimmungen kennen auch die Kinder. Mit ihnen ist zu erarbeiten, wer oder was sie glücklich oder traurig macht und welche Begleitung sie darin erfahren.

II. Einordnung im Jahreslauf

Zu allen Zeiten, bei einem Todesfall im Umfeld eines Kindes

III. Erarbeiten

Miteinander beten (**M1** und **M2**)

Miteinander reden

Impuls   Schwarze Trauerkleidung liegt in der Mitte.

Gespräch   Mit den Kinder überlegen, wer in ihrem Umfeld schwarze Kleidung trägt.
Mit den Kindern erarbeiten, dass schwarze Kleidung auch ein Ausdruck der Trauer ist.
Sie von eigenen Erfahrungen mit Tod und Trauer erzählen lassen.

               Gemeinsames Psalmgebet

               Mit den Kindern erarbeiten, welche positiven und negativen Erfahrungen der Beter gemacht hat und wer ihn begleitet.
Mit den Kindern überlegen, welche positiven und negativen Erfahrungen sie in ihrem Leben bisher gemacht haben und wer sie darin begleitet bzw. ihnen geholfen hat.
Den Kindern zusprechen, dass neben den Menschen auch Gott für sie da sein will und im Gebet angesprochen werden kann.

Miteinander kreativ sein

Ein „Stimmungsposter" entwerfen (**M3**)

Miteinander feiern

„Gott zieht mir meine Trauerkleidung aus und schmückt mich mit fröhlichen Farben": Ein Fest der fröhlichen Farben feiern (**M4**)

Miteinander singen

Du verwandelst meine Trauer (MKL 9)

PSALM 65

Ich freue mich über dich, Gott!

Gott, ich kann nicht aufhören,
mich über dich zu freuen
und dir mit meinen Liedern Danke zu sagen.
Denn du hörst mich, wenn ich zu dir bete.
Manchmal mache ich etwas falsch in meinem Leben.
Trotzdem kann ich zu dir kommen
und darf dein Freund sein.

Ich freue mich über dich, Gott!

Ich sage dir Danke,
weil du so viel Wunderbares gemacht hast:
Du hast die hohen Berge
und das tiefe Meer gemacht.
Die Wellen schlagen so hoch,
wie du es ihnen befiehlst,
denn du bist ihr Herr.
Du wirst dafür sorgen,
dass irgendwann einmal
die Menschen auf der Erde
ohne Streit miteinander leben werden.
Alle Menschen, die in der Nähe und auch die in der Ferne,
können sehen, was du alles machst.
Am Abend und am Morgen freuen sie sich darüber
und sagen dir Danke.

Ich freue mich über dich, Gott!

Auf die trockenen Felder lässt du regnen.
Das Getreide wächst, wir haben genug zu essen.
Wie eine Krone setzt du jedem Jahr seine Früchte auf
und die Berge jubeln über dich.
So merken wir: Du meinst es gut mit uns. Darum:

Ich freue mich über dich, Gott! Amen

I. Thema

Der Beter dankt für Gottes Wirken in der Schöpfung und dessen Großmut. Trotz seiner Verfehlungen weiß er sich von Gott immer wieder als Freund angenommen. Auch für Kinder ist Freundschaft ein wichtiges Thema. Darüber, dass auch Freundschaft unter Kindern mit Vergebung zu tun hat, soll hier nachgedacht werden.

II. Einordnung Jahreslauf

Am Ende des Jahres. Buß- und Bettag

III. Erarbeiten

Miteinander beten (**M1** und **M2**)

Miteinander reden

Impuls „In der Schule hat meine Freundin Paula mir versprochen, dass sie heute Nachmittag zu mir spielen kommt. Doch sie ist nicht gekommen. Als ich bei ihr angerufen habe, hat sie gesagt, dass sie heute lieber mit Vanessa spielt. Jetzt ist sie nicht mehr meine Freundin, weil sie ihr Versprechen nicht gehalten hat."

Gespräch Die Kinder erzählen lassen, mit wem sie befreundet sind oder waren. Haben sie schon einmal eine ähnliche Situation erlebt?

Gemeinsames Psalmgebet

Mit den Kindern erarbeiten, worin die Freundschaft des Beters zu Gott besteht, wofür er sich freut und wofür er dankt. Mit ihnen erarbeiten, dass Vergeben und Vergeben-Bekommen ein wichtiger Teil ihres Lebens, vor allem ihres Lebens als Freund/Freundin ist. Wer im Unfrieden lebt, hat weniger Spaß am Leben und an dem, was Gott ihm zur Freude geschaffen hat.

Miteinander kreativ sein

Eine Drehscheibe basteln: Ich sage Gott danke für: (**M3**)

Miteinander feiern

Gottes Freundschaft feiern (**M4**)

Miteinander singen

Gott, deine Taten wecken Freude und Jubel überall (MKL 10)

PSALM 78

Vergesst das Danken nicht!

Ihr alle kennt das kleine Wort „Danke"?
Es gibt aber auch das Wort „Undank".
Das heißt: Ich bekomme etwas geschenkt.
Ich nehme es, ich behalte es, aber ich bedanke mich nicht.
So etwas macht den Schenker traurig, so etwas macht zornig.
Uns Menschen – aber auch Gott! Darum:

Vergesst das Danken nicht!

Hört, was man sich im alten Israel erzählt hat:

Die Geschichte von Gottes Volk, dem Volk Israel,
ist eine Geschichte voller Rätsel.
Sie erzählt davon, was Gott
alles für sein Volk getan hat.
Er schloss Freundschaft mit ihm. Er gab ihm Regeln zum Leben.
Er führte es aus Ägypten heraus. Er teilte das Schilfmeer.
Er gab ihm in der langen Wüstenwanderung
zu essen und zu trinken.
Brot und Vögel fielen vom Himmel,
Wasser sprudelte aus einem Felsen.
Das Land Kanaan hat er ihnen zum Wohnen geschenkt
und ihre Feinde vertrieben.
Doch das Volk blieb unzufrieden.
Es wollte immer mehr haben.
Es hat Gott vergessen.
Deshalb hat Gott sein Volk
mit Krieg und großer Not bestraft.

Vergesst das Danken nicht!

Dann hat Gott sich den Hirtenjungen David ausgesucht,
damit der als König regiere, so wie er es wollte:
mit gutem Herzen und großer Klugheit.
Er sollte dem Volk Israel wieder beibringen,
dass zu Gott gehört.

Vergesst das Danken nicht! Amen

I. Thema

Dieser Psalm erinnert an Gottes Wirken an seinem Volk und dessen Undank im Laufe seiner wechselvollen Geschichte. Mit Hilfe der alten Erzählungen aus der Geschichte Israels soll hier der Dank als unerlässliche Umgangsform zwischen den Menschen, aber auch zwischen Mensch und Gott vertieft werden.

II. Einordnung im Kirchenjahr

Zu allen Zeiten, auch am „Israelsonntag" (10. Sonntag nach Trinitatis)

III. Erarbeiten

Miteinander beten (**M1** und **M2**)

Miteinander reden

Impuls   An die Kinder werden Süßigkeiten verteilt.

Gespräch   Mit den Kindern überlegen, wer sich bedankt hat, ob und
                    für was sie sich bedanken und ob andere sich bei ihnen
                    bedanken.

                    Gemeinsames Psalmgebet

                    Mit ihnen die einzelnen Stationen des Auszugs des Volkes
                    Israel aus Ägypten und der Wüstenwanderung nachdenken.
                    (lies DbuK S. 57 ff., für die Kinder besonders S. 74 ff.).
                    Mit den Kindern erarbeiten, worin der Undank des Volkes
                    Israel bestand.
                    Mit ihnen erarbeiten, dass ein Dank die Bereitschaft zu geben
                    und zu schenken erhöht und dass nicht nur Menschen auf
                    Dank warten, sondern auch Gott.

Miteinander kreativ sein

Für jedes Kind ein großes „Danke" zum Ausmalen und Aufhängen (**M3**)

Miteinander feiern

In Gedanken an das Volk Israel eine Phantasiereise durch die Wüste machen.
Durst spüren. Sich danach über einen Schluck Wasser freuen.
Das Leben feiern (**M4**).

Miteinander singen

Wir singen alle Hallelu (LzU 98)

PSALM 92

Kommt, wir wollen Gott loben
mit unseren Liedern und unserer Musik!

Es ist gut, dich, Gott zu loben
und danke zu sagen, dass du bei uns bist:
Am Morgen, wenn die Sonne aufgeht,
und in der Nacht, wenn der Mond
und die Sterne am Himmel stehen.

Kommt, wir wollen Gott loben
mit unseren Liedern und unserer Musik!

Gott, du machst mich fröhlich,
weil du so vieles Schönes gemacht hast.
Du tust mir Gutes,
du machst mich stark und schenkst mir Freude
wie bei einem schönen Fest.

Kommt, wir wollen Gott loben
mit unseren Liedern und unserer Musik!

Wer sich zu dir hält,
wird wachsen wie ein großer Baum,
der im Garten Gottes steht.
Auch wenn er alt geworden ist,
ist er saftig und grün.
So zeigt er, dass Gott gerecht und gut ist.
Gott ist wie ein starker Fels,
auf ihn kann ich mich verlassen.

Kommt, wir wollen Gott loben
mit unseren Liedern und unserer Musik! Amen

I. Thema

Der Beter dankt Gott für sein Tun in der Schöpfung, insbesondere an ihm selber. Wer Gott an seiner Seite weiß, für den kann das Leben gelingen. Der ist wie ein Baum im Garten Gottes, der auch im Alter noch im Saft steht. Das vertraute Bild des Baumes regt zum Nachdenken darüber an, wer und was die Kinder in ihrem Leben wachsen und gedeihen lässt.

II. Einordnung im Jahreslauf

Gottesdienst im Grünen

III. Erarbeiten

Miteinander beten (**M1** und **M2**)

Miteinander reden

Impuls   Ein kleiner Baum, z. B. Kastanie, eingepflanzt in einen Blumentopf, steht in der Mitte.

Gespräch   Die Kinder sollen den Baum erraten. Sie zählen auf, welche Sorten von Bäumen sie kennen.

                   Gemeinsames Psalmgebet

                   Mit den Kinder erarbeiten, wofür der Beter dankt.
Mit ihnen erarbeiten, wer und was den „menschlichen Baum", d. h. den Beter, wachsen lässt und ihn am Leben hält (Schöpfung und Bewahrung durch Gott).
Mit ihnen erarbeiten, was sie persönlich groß und stark werden lässt (Vertrauen, Unterstützung, etc.), woran sie sich freuen, wer ihre „Gärtner" sind (Eltern, Erzieher/innen, Lehrer/innen etc.). Was möchten sie werden, wenn sie „groß" sind?
Ihnen zusagen, dass auch Gott ihr Gärtner sein will, in dessen Garten, d. h. der Schöpfung, sie mit seiner Hilfe getrost und fröhlich wachsen dürfen.

Miteinander kreativ sein

Zu welchem Baum gehören die Blätter? Die Kinder raten und malen (**M3**)

Miteinander feiern

Die Bäume – Gottes Schöpfung im Wald feiern (**M4**)

Miteinander singen

Erd und Himmel sollen singen (MKL 44)

PSALM 96

Singt Gott ein neues Lied!

Die ganze Erde soll Gott ihr Lied singen,
seinen Namen loben und erzählen,
wie viel Gutes er für uns getan hat!

Singt Gott ein neues Lied!

Erzählt allen Menschen dieser Erde,
wie großartig und mächtig Gott ist.
Er ist viel mächtiger als alle anderen Götter.
Sie können nichts, aber Gott kann alles.
Er hat den Himmel gemacht.
Gott glänzt so herrlich wie die
Krone eines Königs im Sonnenlicht.

Singt Gott ein neues Lied!

Alle Menschen dieser Erde,
alle, die ihr von Gott hört,
betet zu ihm, dankt ihm,
lobt ihn, bringt im Geschenke!
Fallt vor ihm auf die Knie!

Singt Gott ein neues Lied!

Sagt: Gott allein ist unser König.
Er macht es, dass die Erde sicher steht.
Darum sollen sich Himmel, Erde und das Meer freuen.
Alles, was im Himmel, auf der Erde
und im Meer lebt, soll Gott danken.
Denn er kommt, um auf der Erde
für Ordnung zu sorgen;
um allen Menschen zu erzählen,
dass er allein Gott und König ist.

Singt Gott ein neues Lied! Amen

I. Thema

Gott, dem Schöpfer und Erhalter der Welt, gilt das Lob des Beters. Werden auch in Israels Umwelt, oft auch vom Volk Israel selbst, andere Götter verehrt, so ändert das nichts am uneingeschränkten Königtum Gottes, das alle Völker anerkennen sollen. Mit Kindern soll hier erarbeitet werden, ob wie sie das Königtum Gottes, d. h. sein Wirken, in ihrem persönlichen Leben erfahren.

II. Einordnung im Jahreslauf

Feste, bei denen die Kinder Geschenke bekommen

III. Erarbeiten

Miteinander beten (**M1** und **M2**)

Miteinander reden

Impuls	Ein Geschenkkarton liegt in der Mitte. Darin liegt eine Königs-krone (aus Pappe oder ein Karnevalsartikel).
Gespräch	Kinder raten, was im Karton ist, packen dann aus. Mit den Kindern überlegen, welche Rechte und Pflichten ein König/eine Königin, ein Staatspräsident/ eine Staatspräsidentin, hat. Ihnen von den Privilegien, aber auch der Verantwortung erzählen.

Gemeinsames Psalmgebet

Mit den Kindern erarbeiten, wie Gott nach Aussage des Beters sein Königtum ausübt und wie die Menschen darauf reagieren sollen („bringt ihm Geschenke").
Mit den Kindern überlegen, woran sie merken, dass Gott auch ihr König ist (Schöpfer der Welt, er lässt die Sonne scheinen, es regnen, es wachsen, er beschützt, er schenkt Mut etc.)
Die Kinder erkennen, dass Gott auch ihnen große Geschenke macht. Mit den Kindern erarbeiten, wie sie Gott dafür danken können (beten, singen, verantwortlich mit der Schöpfung umgehen etc.).

Miteinander kreativ sein

Zwei Geschenkkartons basteln: 1. Meine Geschenke *von* Gott. 2. Meine Geschenke *an* Gott (**M3**)

Miteinander feiern

Gottes Königsherrschaft feiern (**M4**)

Miteinander singen

Saget Danke allezeit, Gott dem Vater (**M5**)

PSALM | 100

Freut euch über Gott!

Denn er ist da:
für mich, für dich, für alle, die es wollen.
Sag ja und zeig ihm dein Gesicht:
Hier bin ich, Gott!

Freut euch über Gott!

Du hast mich gemacht.
Wie ein Geschenk des Himmels
bin ich im Bauch meiner Mutter gewachsen.
Ich bin so geworden, wie du es gewollt hast,
ein Gotteskind in deiner großen Familie

Freut euch über Gott!

Darum singe ich, so viel ich kann,
und danke ihm und lobe ihn.
Mein Freund ist Gott bei Tag und Nacht.
Nie wird er mich verlassen.

Freut euch über Gott! Amen

Mariko, 10 Jahre

I. Thema

Der Beter dieses Psalms bekennt und dankt: Der Mensch ist kein Zufallsprodukt, sondern Ausdruck des Willens Gottes. Ihm verdankt er sein Leben und seine Erhaltung. Empfinden auch die Kinder ihr Leben als ein Geschenk? Fühlen sie sich gewollt und geliebt? Der Psalm lädt zum Nachdenken darüber ein.

II. Einordnung im Jahreslauf

Zu allen Zeiten, auch Geburtstagserinnerung

III. Erarbeiten

Miteinander beten (**M1** und **M2**)

Miteinander reden

Impuls	Ein kleiner Geschenkkarton, in dem Fotos der anwesenden Kinder sind, liegt in der Mitte (Vorbereitung!).
Gespräch	Mit den Kindern überlegen, wann sie Geschenke bekommen und über welche Geschenke sie sich am meisten freuen. Mit den Kindern überlegen, ob es auch lebende Geschenke gibt (Haustiere, aber auch Menschen!). Die Kinder öffnen den Karton. Sie bekommen zugesagt: „Ihr seid ein Geschenk. Ein lebendiges Geschenk. Als ihr geboren wurdet, hat Gott euch euren Eltern geschenkt. Ihr seid kein Zufall, sondern gewollt."

Gemeinsames Psalmgebet

Mit den Kindern erarbeiten, worüber der Beter sich freut und Gott dankt.
Mit Kindern überlegen, was ihnen im Leben Spaß macht, ob sie sich wohl fühlen, wo sie sich nicht verstanden fühlen, was sie gerne ändern würden, was andere an ihnen ändern möchten etc. Lösungsvorschläge erörtern.

Miteinander kreativ sein

Bild: „Im Bauch meiner Mutter". Die Jüngeren malen sich in das Bild hinein. Die Älteren können dazu noch einen persönlichen „Steckbrief" schreiben: Hobbys, Freunde, Lieblingsfilm, Lieblingsessen etc. (**M3**)

Miteinander feiern

„Wer oder was bin ich?" Mit einem Ratespiel das Leben feiern (**M4**)

Miteinander singen

Gottes Liebe ist so wunderbar (LzU 32)

PSALM | 104 (1)

Am Abend und am Morgen danke ich dir, mein Gott

Manchmal frage ich mich:
Wie siehst du aus, Gott?
Und wo wohnst du?
Du bist so weit weg, ich kann dich nicht sehen.
Dann schließe ich die Augen und stell mir vor:
Schön bist du und wunderbar geschmückt.

Am Abend und am Morgen danke ich dir, mein Gott

Den Himmel hast du wie einen Teppich ausgebreitet.
Über dem Meer ist dein Zuhause.
Du fährst auf den Wolken, so schnell wie der Wind.
Wind und Feuer gehorchen dir,
denn du hast alles gemacht und es soll immer da sein.

Am Abend und am Morgen danke ich dir, mein Gott

Vor langer Zeit hat das Wasser die Erde wie eine Decke ganz
zugedeckt.
Aber du hast die Erde aufgeräumt und alles hat seinen Platz.
Das Wasser hat den Bergen und den Tälern Platz gemacht.
Quellen sprudeln und die Tiere haben frisches Wasser zu trinken.
Die Vögel sitzen in den Zweigen der Bäume.
Sie singen uns ein fröhliches Lied. Kannst du sie hören?
(leise eine Melodie pfeifen)

Am Abend und am Morgen danke ich dir, mein Gott

Du lässt regnen, du lässt wachsen,
Früchte und Gras, Korn und Trauben.
Menschen und Tiere werden satt.
In riesengroßen Bäumen bauen die Vögel ihre Nester..
Alle Tiere finden ein Zuhause.

Am Abend und am Morgen danke ich dir, mein Gott,
für alles, was du so wunderbar gemacht hast,
vor allem für das Wasser, ohne das wir nicht leben können. Amen

I. Thema

Das Wasser ernährt und erhält die Welt. Gott, der in seiner ganzen Herrlichkeit und Macht seiner Schöpfung das Wasser geschenkt hat, ohne das sie nicht existieren kann, gilt das Lob des Beters. Die Bedeutung des Wassers ist Kindern vertraut und soll hier vertieft werden.

II. Einordnung im Kirchenjahr

Zu allen Zeiten, bei großer Hitze

III. Erarbeiten

Miteinander beten (**M1** und **M2**)

Miteinander reden

Impuls   Ein Krug mit Wasser und Becher stehen in der Mitte.
Die Kinder bekommen Wasser angeboten.

Gespräch   Mit den Kindern überlegen, wie und warum ihnen das Wasser schmeckt – oder warum nicht.
Mit den Kindern erarbeiten, wofür Wasser gebraucht wird, worin Wasser enthalten ist, wo das Wasser herkommt.
Mit ihnen erarbeiten, wo Wasser nützt und wo es schadet.

              Gemeinsames Psalmgebet

              Mit den Kindern erarbeiten, wofür der Beter dankt.
Ihnen erzählen, dass es in Israel sehr fruchtbare Gegenden gibt, aber auch sehr viel Felsenwüste.
Mit den Kindern erarbeiten: Was wäre, wenn das Wasser nicht einfach aus dem Wasserhahn käme?
Mit ihnen Gott danke sagen, dass er das Wasser schenkt und damit seine Schöpfung ernährt und am Leben erhält.

Miteinander kreativ sein

1. Stoffdruck „Wassertropfen und Regenwolken" (**M3**) oder
2. Eine „Wasserbar" einrichten (siehe Psalm 1)

Miteinander feiern

Das Wasser feiern (siehe Psalm1)

Miteinander singen

Du hast uns deine Welt geschenkt (LzU 14)

Am Abend und am Morgen danke ich dir, mein Gott.
Denn du hast den Mond gemacht,
das Jahr und jeden neuen Tag.
Die Sonne weiß, wann sie untergehen muss,
und die Nacht, wann sie anfangen soll.
Wenn es dunkel ist, kommen die wilden Tiere
und suchen sich ihr Futter.
Doch wenn die Sonne aufgeht, dann laufen sie schnell weg.
Du schenkst den Menschen ihre Arbeit,
damit sie Geld verdienen und leben können.

Am Abend und am Morgen danke ich dir, mein Gott

Gott, du hast so viel Schönes gemacht
und alles hat seinen Platz.
Das Meer ist groß und weit.
Schiffe fahren auf ihm hin und her.
Große und kleine Fische und andere Tiere
haben im Meer ihre Wohnung.
Es sind so viele, dass ich sie nicht zählen kann..
Selbst die gefährlichen Tiere im Wasser gehorchen dir.

Am Abend und am Morgen danke ich dir, mein Gott

Alles, was lebt, hält die Hand auf,
damit du sie füllst und sie zu essen haben.
Wenn sie deine Nähe nicht mehr spüren, bekommen sie Angst..
Du schenkst ihnen das Leben und lässt sie wachsen.
So soll es immer sein,
damit du dich an unserer herrlichen Erde freust.

Am Abend und am Morgen danke ich dir, mein Gott

Gott ist so groß.
Wenn er es will, bebt sogar die Erde
und die Vulkane rauchen.
Deshalb will ich Gott mein ganzes Leben lang singen und loben.
Er soll sich über mich freuen.

Am Abend und am Morgen danke ich dir, mein Gott. Amen

I. Thema

Gott ist der Schöpfer und Lenker der Welt. Die zu ihm bittend ausgestreckten Hände seiner Schöpfung füllt er mit Nahrung. Menschen, Tiere und Pflanzen können leben. Wer die ausgestreckten Hände der Kinder füllt und was sie wirklich zum Leben brauchen, soll hier mit ihnen überlegt werden.

II. Einordnung im Kirchenjahr

Zu allen Zeiten, Erntedankfest

III. Erarbeiten

Miteinander beten (**M1** und **M2**)

Miteinander reden

Impuls   Den Kindern die geöffneten Hände hinhalten.

Gespräch   Mit den Kindern erarbeiten, was es bedeutet, wenn jemand die Hände so hält, wann sie die Hände so ausstrecken bzw. in welchen Situationen sie diese Haltung bei anderen gesehen haben (z. B. Bettler).

Gemeinsames Psalmgebet

Mit den Kindern erarbeiten, für was der Beter dankt.
Mit ihnen überlegen, was Tiere und Pflanzen zum Leben brauchen.
Mit ihnen überlegen, welche Lebensmittel (nicht nur essbare!) die Menschen brauchen.
Mit ihnen erarbeiten, wer ihnen und wem sie diese Lebensmittel schenken.
Darüber nachdenken, mit den geschenkten Gaben sorgfältig umzugehen, um sie und den Schenker zu ehren.
Überlegen, welche Rolle Gott als Gebender spielt (lässt wachsen, regnen, Sonne scheinen, schenkt Menschen zur Begleitung und Hilfe, zur Freude und zum Trost etc.).

Miteinander kreativ sein

Welche Hand gehört zu wem? (**M3**)

Miteinander feiern

Die Hände feiern (**M4**)

Miteinander singen

Gottes Liebe ist so wunderbar (LzU 32), mit Bewegungen

Psalm | 107

Alle sollen danke sagen!

So hat man in Israel gesungen:

Sagt Gott Danke, denn er ist gut zu uns.
Alle sollen Danke sagen,
denen Gott geholfen hat:
Die im Norden und die im Süden,
die im Osten und die im Westen.

Alle sollen Danke sagen!

Die sich in der Wüste verirrt hatten.
Die fast verdurstet sind
und von Gott gerettet worden sind.
Die voller Angst waren, weil sie dachten,
sie schaffen es auch ohne Gott,
und von ihm gerettet worden sind.
Die krank waren und von Gott gerettet worden sind.
Die auf dem Meer fuhren,
die in einen Sturm gerieten,
die zu ertrinken drohten
und von Gott gerettet worden sind.

Alle sollen Danke sagen!

Gott kann viel:
In der Wüste kann er Wasser fließen lassen.
Er kann aber auch Flüsse und fruchtbares Land
vertrocknen lassen.
Er kann in der Wüste wachsen lassen,
damit die Hungrigen satt werden
und es Menschen und Tieren gut geht.

Alle sollen Danke sagen!

Denkt immer daran,
was Gott Gutes für uns getan hat. Amen

I. Thema

Dieser Psalm wurde wahrscheinlich bei einem der großen israelitischen Feste gesungen, bei dem die Menschen Gott ihr Dankopfer und ihr Danklied für ihre jeweilige Errettung darbringen wollten. Der Psalm lädt zum Nachdenken darüber ein, welche Bedeutung der Dank für die Kinder persönlich hat und wem sie ihren Dank schenken.

II. Einordnung im Jahreslauf

Zu allen Zeiten

III. Erarbeiten

Miteinander beten (**M1** und **M2**)

Miteinander reden

Impuls	Eine Spardose, die mit einigen echten Münzen und einem „Dank-Schein" gefüllt ist, steht in der Mitte. Die Kinder dürfen schütteln und raten, wie viel Geld in der Dose ist.
Gespräch	Die Kinder formulieren, wie viel und für was sie sparen. Von wem bekommen sie Geld geschenkt? Die Dose wird geöffnet, das Geld gezählt, der „Dank-Schein" entdeckt. Der Schein wird vorgelesen: „Gott, ich danke dir, dass du immer bei mir bist und mich beschützt". Mit den Kindern erarbeiten, dass der Dank-Schein in der Spardose genauso wichtig ist wie Geld. Sie können sich zwar nichts dafür kaufen, sich aber daran erinnern, dass sie immer einen Grund zur Dankbarkeit haben und auch immer einen Adressaten!

Gemeinsames Psalmgebet

Die Kinder formulieren mit eigenen Worten, wofür der/die Beter in Israel Danke sagen.
Die Kinder formulieren, für was und wem sie Danke sagen können.

Miteinander kreativ sein

Eine „Dank-Spardose" miteinander basteln (**M3**)

Miteinander feiern

Ein Dankfest miteinander feiern (**M4**)

Miteinander singen

Saget Danke allezeit (siehe Psalm 96)

Halleluja, lobt Gott!

Loben, das heißt danken. Und so soll es sein:
dass wir Gott danken zusammen mit allen Menschen dieser Welt:
denen im Norden, im Süden, Osten, Westen.
Denn Gott lässt seine Sonne über allen Menschen dieser Welt
auf- und auch wieder untergehen.

Halleluja, lobt Gott!

Niemand ist so groß und mächtig wie Gott:
niemand ganz oben im Himmel
oder hier bei uns auf der Erde
oder tief unten in der Erde.
Gott sitzt im Himmel
und schaut zu uns herunter.

Halleluja, lobt Gott!

Gott ist für uns da.
Wem es ganz schlecht geht,
wer arm dran ist,
wen niemand mehr mag,
dem hilft er und macht ihn stark.

Halleluja, lobt Gott!

Clemens, 7 Jahre

I. Thema

Dieser Psalm wurde bei großen Festen (z. B. dem Passahfest, das an den Auszug des Volkes Israel aus Ägypten erinnert) im Gottesdienst gebetet. Alle Menschen dieser Welt sollten mit in das umfassende Gotteslob einstimmen. Welche Bedeutung Lob und Anerkennung im Leben der Kindern haben, soll hier erarbeitet werden.

II. Einordnung im Jahreslauf

Ende des Schuljahres (Zeugnisvergabe), nach einem (Schul-)Sportfest

III. Erarbeiten

Miteinander beten (**M1** und **M2**)

Miteinander reden

Impuls	In der Mitte liegen Urkunden/Medaillen eines Wettbewerbs (Sport, Musik, Freizeitvereine etc.).
Gespräch	Die Kinder überlegen, von welchem Wettbewerb die Auszeichnungen sind und was dafür geleistet werden musste. Sie erzählen von eigenen Erfahrungen aus Leistungswettbewerben und formulieren ihre Gefühle von Sieg und Niederlage (auch im täglichen Leistungswettbewerb in Schule, Familie, Freundeskreis). Mit den Kindern erarbeiten, dass es für jeden Menschen, egal welchen Alters, wichtig ist, Anerkennung zu bekommen. Sie erzählen, ob und wann *sie* schon einmal gelobt haben. Mit den Kindern erarbeiten, dass auch das Verlieren zum Leben dazu gehört.

Gemeinsames Psalmgebet (Halleluja = lobt Gott!)

Mit den Kindern erarbeiten, für was der Beter Gott sein Lob ausspricht. Sie sollen erkennen, dass nicht nur Menschen, sondern auch Gott Anerkennung haben möchte. Sie überlegen, wofür sie Gott ihr Lob aussprechen können.

Miteinander kreativ sein

Eine Siegerurkunde basteln (**M3**)

Miteinander feiern

Ein Siegerfest feiern (**M4**)

Miteinander singen

Wir singen alle Hallelu (MKL 154)

PSALM 124

Gott ist gut zu uns

Vergesst nicht,
immer wieder davon zu erzählen,
wie gut Gott zu uns war.
Wenn er nicht auf uns aufgepasst
und uns geholfen hätte,
dann hätten schlechte Menschen uns gequält.
Sie hätten uns verschlungen
wie ein wildes Tier, das zum Fressen
seinen Rachen aufsperrt.
Sie hätten uns die Luft zum Atmen genommen
wie hohe Wellen,
die über uns zusammenschlagen. Aber:

Gott ist gut zu uns

Danke Gott, dass du zu uns hältst!
Wir wünschen Dir nur Gutes,
weil du uns vor den scharfen Zähnen
der bösen Menschen bewahrt hast.
Ganz leicht ist es für uns geworden
und wir hatten keine Angst mehr.
Wie ein Vogel sind wir einfach weggeflogen,
wie aus dem Netz des Vogelfängers.
Das Netz ist zerrissen und wir waren frei. Denn:

Gott ist gut zu uns

Ich weiß, dass Gott hilft,
Gott, der Himmel und Erde gemacht hat. Amen

I. Thema

Dieser Psalm besingt das Wunder der unverdienten Gnade Gottes in Israels wechselvoller Geschichte. Wenn Gott nicht gewesen wäre, dann hätten die Feinde die Oberhand behalten. – „Was wäre gewesen wenn nicht …?“:
Mit Kindern bietet sich das Nachdenken darüber an, wie und durch wen sie aus unangenehmen oder sogar gefährlichen Situationen herausgefunden und ihre Angst überwunden haben.

II. Einordnung im Jahres

Zu allen Zeiten

III. Erarbeiten

Miteinander beten (**M1** und **M2**)

Miteinander reden

Impuls   Ein Vogelnetz liegt in der Mitte (Gartenbedarf).

Gespräch   Mit den Kindern erarbeiten, wofür Netze eingesetzt werden: zum Schutz für Pflanzen, gegen Mücken, zum Fischfang, zum Vogelfang (in Frankreich werden Singvögel mit Netzen gefangen!), zum Einkaufen etc.
Mit den Kindern überlegen, wie sie sich fühlen würden, wenn sie in einem solchen Netz gefangen wären. Kinder die möchten, werden im Netz eingewickelt.

Gemeinsames Psalmgebet

Mit den Kindern erarbeiten, welchen Gefahren die Menschen im Psalm sich ausgesetzt fühlten und wie sie ihre Bewahrung durch Gott beschreiben.
Mit den Kindern überlegen, welchen gefährlichen und unangenehmen Situationen sie schon einmal ausgesetzt waren und wer sie daraus befreit hat. Was wäre gewesen, wenn nicht …?
Den Kindern zusagen, dass menschliche Hilfe von Gott gewollt ist und von ihm gestärkt wird.

Miteinander kreativ sein

Einen Vogel mit bunten Federn gestalten (**M3**)

Miteinander feiern

Ein Vogelfest feiern (**M4**)

Miteinander singen

Du verwandelst meine Trauer in Freude (MKL 9)

PSALM | 133

Gott, ich danke dir für mein Leben!

Stell dir vor:
Ein Sommermorgen,
noch ist es kühl von der Nacht,
doch die Sonne ist schon wach.
Sie kitzelt die
Tautropfen auf den Blättern.
– Der Tag wird herrlich!

Gott, ich danke dir für mein Leben!

Stell dir vor:
am Abend nach dem Baden
streichst du duftende Creme oder wohl riechendes Öl
auf deine Haut.
– Du fühlst dich wohl!

Gott, ich danke dir für mein Leben!

Wenn Geschwister sich verstehen,
dann ist das so wunderbar wie Tautropfen
an einem Sommermorgen
oder duftende Creme auf dem Körper.

Gott, ich danke dir für mein Leben!

Geschwister, die sich lieben,
Freunde, die zueinander halten –
Wer das hat, ist reich beschenkt.
Der kann jeden Tag genießen,
dem geht es gut.

Gott, ich danke dir
für meine Geschwister
und meine Freunde. Amen

Gott, ich danke dir für mein Leben! Amen

I. Thema

Nur das gegenseitige Verstehen unter den Söhnen der altisraelitischen Familien machte es möglich, gemeinsam nach dem Tod des Vaters das (ungeteilte) Erbe zu verwalten und friedlich mit ihren Familien Haus zu halten. „Geschwisterliebe oder Geschwisterleid?" – Viele Kinder haben Erfahrungen damit, über die hier nachgedacht werden soll.

II. Einordnung im Jahreslauf

Zu allen Zeiten. Feier mit Geschwistern und Freunden

III. Erarbeiten

Miteinander beten (**M1** und **M2**)

Miteinander reden

Impuls	Ein Cremetiegel und ein Fläschchen mit Hautöl stehen in der Mitte. Die Kinder dürfen riechen und fühlen. Freiwillige werden damit im Gesicht eingerieben und zart massiert.
Gespräch	Die Kinder erzählen, wer in ihrer Familie Creme/Öl benutzt, wann und warum.

Gemeinsames Psalmgebet

Mit den Kindern erarbeiten, dass für den Beter Geschwisterliebe so wichtig ist wie Tau für die Pflanzen und Öl/Creme auf dem Körper.
Den Kindern erzählen, dass im alten Israel die Priester für ihren Dienst mit Öl gesalbt wurde, d. h. das Öl wurde über ihrem Kopf ausgegossen. So wie die Haare des Priesters von dem Öl zusammenklebten, so sollen sich auch die Geschwister untereinander verbunden fühlen.
Die Kinder erzählen von ihren Erfahrungen mit ihren Geschwistern: Was finden sie gut, was finden sie schlecht am Zusammenleben? Was wäre, wenn es sie nicht gäbe? Mit den Kindern Gott Danke sagen für die Geschwister bzw. bei Einzelkindern für deren Freunde.

Miteinander kreativ sein

Duftcreme herstellen (**M3**)

Miteinander feiern

Ein „Liebesmahl" feiern (**M4**)

Miteinander singen

Ich gebe dir die Hände (MKL 81)

PSALM | 145

Wir singen alle Halleluja!

Gott, du bist für mich wie ein großer König.
Ich will jeden Tag davon erzählen,
wie groß du bist.
Kommt, macht mit und lobt Gott mit mir!

Wir singen alle Halleluja!

Von deinen Wundern	*will ich singen*
Von deinen großen Taten	*will ich singen*
Dass du gut bist	*will ich singen*
Dass du gerecht bist	*will ich singen*

Wir singen alle Halleluja!

Alles, was du gemacht hast, soll dich loben:
Sonne, Mond und Sterne,
das Land und das Meer,
die Menschen, Tiere und Pflanzen.
Es ist schön, in deinem Königreich zu leben!
Darum lasst uns nicht aufhören,
davon zu erzählen und dich zu loben!

Wir singen alle Halleluja!

Wem es schlecht geht, dem hilfst du.
Wer Hunger hat, dem gibst du zu essen.
Wer zu dir ruft, dem hörst du zu und hilfst ihm.
Niemand soll sich trauen, gegen dich zu kämpfen,
denn du bleibst immer der Stärkere.
Gott, du bist für mich wie ein großer König.
Ich will dich immer loben. Amen

(Der Kehrvers wird gesungen: MKL 154)

I. Thema

Dieser Psalm spricht von der allumfassenden und unendlichen Königsherrschaft Gottes, die von der gesamten Schöpfung gepriesen werden soll.
Alles, was gut ist, hat seinen Ursprung in Gott.
Was empfinden die Kinder in ihrem Leben als gut und gelungen und wem
gebührt ihr Dank? Der Psalm lädt zum gemeinsamen Nachdenken darüber
ein.

II. Einordnung im Jahreslauf

Zu allen Zeiten

III. Erarbeiten

Miteinander beten (**M1** und **M2**)

Miteinander reden

Impuls

HALLELUJA

wird auf großes Papier oder dünne Pappe kopiert und in die
einzelnen Buchstaben zerschnitten.

Gespräch   Die (Schul-)Kinder benennen die Buchstaben und überlegen,
welches Wort sie aus diesen Buchstaben bilden können.
Das Halleluja wird zusammengesetzt und den Kindern erklärt:
Halleluja bedeutet: lobt Gott! (Imperativ).

Gemeinsames Psalmgebet

Mit den Kindern erarbeiten, für was der Beter dankt.
Die Kinder formulieren, was sie gut und gelungen in ihrem
Leben finden, woran sie Freude haben. Sie formulieren,
wem sie das ver-danken und bei wem sie sich be-danken.
Mit den Kindern erarbeiten, von wem sie Hilfe, Zuwendung,
Güte und Gerechtigkeit erfahren.
Den Kindern zusprechen, dass Gott will, dass es seiner
Schöpfung, d. h. auch ihnen, gut geht.

Miteinander kreativ sein

Siebdruck „Halleluja" (**M3**)

Miteinander feiern

Gottes Schöpfung im Spiel feiern (**M4**)

Miteinander singen

Du hast uns deine Welt geschenkt (LzU14)

PSALM 150

Alles, was atmen kann, soll Gott loben!

Gott schenkt mir mein Leben.
Gott schenkt mir meinen Atem.
Ich atme ein … ich atme aus.
Ich fühle mich ganz lebendig.

Alles, was atmen kann, soll Gott loben!

Beim Einatmen und beim Ausatmen
will ich an Gott denken und ihm danken,
wo er auch sein mag.
Ich will ihm danken,
auch wenn ich ihn nicht sehen kann
in seiner himmlischen Wohnung.

Alles, was atmen kann, soll Gott loben!

Ich will ihm danken, weil er so großartig ist.
Ich will ihm danken für alles, was er für mich tut.
Ich will ihm danken mit meinem Reden und Tun,
aber auch mit meiner Musik:
wenn ich Triangel usw. spiele …
Gott ist so groß und herrlich, ich kann ihn nicht beschreiben.

Alles, was atmen kann, soll Gott loben!

Clemens, 7 Jahre

I. Thema

Dieser 150. Psalm, „Das große Halleluja", schließt das Psalmbuch mit einem jubelnden Bekenntnis zu Gott ab, durch dessen Macht und Fürsorge die Psalmen erst möglich geworden sind. Mit dem musikalischen Schwerpunkt bei der Bearbeitung des Psalms kann den Kindern deutlich gemacht werden, dass es sich bei allen Psalmen um gesungenes und musikalisch ausgestaltetes Gebet, d .h. *Lieder* handelt.

II. Einordnung im Jahreslauf

In der österlichen Freudenzeit, 4. So. n. Ostern: Kantate (Singet)

III. Erarbeiten

Miteinander beten (**M1** und **M2**)

Miteinander reden

Impuls · Die Kinder werden dazu aufgefordert, die Luft anzuhalten. Wer schafft es am längsten?

Gespräch · Mit den Kindern überlegen, was es für ein Gefühl ist, nicht mehr zu atmen. Was passiert, wenn man nicht mehr atmet? Wer atmet alles? Die Kinder erkennen, dass der Atem ein Ausdruck und Wesenszug des Lebens ist.

Gemeinsames Psalmgebet

Mit den Kindern überlegen, wofür sie Gott danken können. Jedes Kind sollte dabei einen Dank aussprechen. Mit den Kindern überlegen, wie sie Gott danken können. Sie sollen verstehen, dass dieser Dank nicht nur an das Wort (Gebet) gebunden ist, sondern auch im Denken und im Tun geschehen kann. Zum Tun gehört die Musik. Den Kindern erzählen, dass schon im alten Israel die Menschen Gott mit ihrer Musik und ihren Liedern gedankt haben. (Das griechische Wort „Psalm" kommt von „spielen", „Saiten zupfen". Die hebräische Entsprechung „Mizmor" meint ebenfalls das vom Saitenspiel begleitete Lied.)

Miteinander kreativ sein

Musikinstrumente, die Geräusche machen, miteinander basteln (**M3**)

Miteinander feiern

Gott mit Musik feiern (**M4**)

Miteinander singen

Lasst uns fröhlich gehen (**M5**)

Gott,
hilf mir doch,
ich habe Angst!

Clemens, 7 Jahre

PSALM 3

Gott ist mein Schutzschild, ich habe keine Angst mehr

Gott, heute muss ich dir sagen,
dass ich es sehr schwer habe!
Menschen wollen mir Böses tun.
Sie lachen mich aus und sagen:
Er soll doch rufen,
Gott wird ihm doch nicht helfen!

Gott ist mein Schutzschild, ich habe keine Angst mehr

Aber ich weiß es besser als sie!
Wie ein Schild, der im Kampf
vor den Waffen der Gegner schützen soll,
beschützt du mich.
Du schützt mich vor dem,
was vor mir und was hinter mir ist,
vor dem was neben mir, unter mir und über mir ist.
Wenn ich den Kopf hängen lasse
und meine Augen nur noch traurig
auf den Boden schauen können,
dann machst du mich stolz.

Gott ist mein Schutzschild, ich habe keine Angst mehr

Ich erinnere mich:
Immer wenn ich zu dir gerufen habe,
hast du mir zugehört.
Ohne Sorgen konnte ich ins Bett gehen,
denn ich wusste, dass du bei mir bist.

Gott ist mein Schutzschild, ich habe keine Angst mehr

Deshalb habe ich auch jetzt keine Angst mehr,
egal was um mich herum passiert.
Lass mich auch diesmal nicht im Stich!
Hilf mir und zeige mir, dass es gut ist,
dich zum Freund zu haben. Amen

I. Thema

In diesem Psalm klagt ein Beter über seine Not, zugleich aber ist er getröstet, weil seine Erfahrung ihn lehrt: Gott lässt ihn nicht im Stich und schützt ihn. (Möglicherweise handelt es sich um König David, der auf der Flucht vor seinem Sohn Absalom war, als der ihm die Herrschaft in Israel streitig machte.) Auch Kinder machen die Erfahrungen von Not und Bedrängnis. Wer ihnen hilft und sie tröstet, soll hier mit ihnen erarbeitet werden.

II. Einordnung im Jahreslauf

Zu allen Zeiten

III. Erarbeiten

Miteinander beten (**M1** und **M2**)

Miteinander reden

Impuls   Ein Schutzschild liegt in der Mitte (**M4**)

Gespräch   Mit den Kindern nachdenken, wer so einen Schild benutzt(e) und welche Funktion er hat(te).

Gemeinsames Psalmgebet

Mit den Kindern erarbeiten, vor was und wem der Beter Angst hat und worauf er vertraut. Mit ihnen erarbeiten, dass Gott mit einem Schutzschild verglichen wird.
Mit den Kindern überlegen, vor wem oder was sie Angst haben. Wer tröstet sie und hilft ihnen?
Den Kindern zusprechen, dass nicht nur Menschen helfen können, sondern auch Gott. Dass sie nicht nur Menschen, sondern auch Gott im Gebet von ihren Sorgen erzählen und ihn um Hilfe und Trost bitten können.
Ihnen einen Segen zusprechen (M3). Die Kinder stehen im Kreis und halten sich an den Händen. Der Text wird anschließend auf den Schild geklebt.

Miteinander kreativ sein

Einen Segens-Schutzschild aus bunter Pappe basteln (**M4**)

Miteinander feiern

Die Angst vertreiben (**M5**)

Miteinander singen

Halte zu mir, guter Gott (LzU 39)

PSALM | 11

Gott, bei dir fühle ich mich geborgen

Lauf doch weg und flieg davon wie ein Vogel in die Berge! –
So sagen meine Freunde zu mir.
Aber wenn ich weglaufe, kann Gott mir nicht helfen.

Gott, bei dir fühle ich mich geborgen

Meine Freunde sagen: Siehst du nicht,
wie böse Menschen dich bedrängen?
Es ist, als ob sie ihren Bogen spannen
und mit Pfeilen auf dich schießen.
Im Dunkeln, wenn du nicht weißt, wo sie lauern,
zielen sie auf dich.

Gott, bei dir fühle ich mich geborgen

Habt keine Angst, Freunde!
Gott wird immer bei uns wohnen:
in seinem großen Tempel auf der Erde
und in seiner himmlischen Wohnung.
Von dort aus sieht er genau,
was die Menschen auf der Erde machen.
Er sieht die, die Gutes tun, und freut sich darüber.
Er sieht auch die, die Böses tun,
und wird sie bestrafen für alle ihre bösen Taten.

Gott, bei dir fühle ich mich geborgen. Amen

Luca, 7 Jahre

I. Thema

Trotz bedrohlicher Situation und Vorschlag der Freunde zur Flucht bekennt der Beter seine Geborgenheit bei Gott. Seine persönlichen Feinde und damit die Feinde Gottes haben in Wirklichkeit keine Macht.
Was macht das Leben der Kinder beschwerlich? Vor was und wem möchten sie weglaufen und von wem erwarten sie Hilfe? Darüber soll hier nachgedacht werden.

II. Einordnung im Jahreslauf

Zu allen Zeiten, Zeugnisvergabe

III. Erarbeiten

Miteinander beten (**M1** und **M2**)

Miteinander reden

Impuls   Pfeil und Bogen (Karnevalsbedarf) liegen in der Mitte.

Gespräch   Mit den Kindern überlegen, wer eine solche Waffe benutzt (hat) und wofür. Mit den Kindern überlegen, wie man sich davor schützen kann, getroffen zu werden.

Gemeinsames Psalmgebet

Mit den Kindern erarbeiten, wie der Beter die Bedrohung empfindet, was ihm seine Freunde raten und wie er darauf reagiert.
Die Kinder erzählen lassen, vor was oder wem sie am liebsten weglaufen würden oder schon einmal weggelaufen sind (nicht nur im übertragenen Sinne!).
Die Kinder erzählen lassen, wer oder was ihnen in den unterschiedlichen Situationen der Bedrängnis zu Hilfe kam und wem sie schon einmal geholfen haben.
Den Kindern zusagen, dass auch Gott für sie da sein will und dass sie sich in ihrer Angst und ihrem Zorn an ihn wenden können.

Miteinander kreativ sein

Mit Fingerfarbe gestalten: Fensterbild Berge und Vögel (**M3**)

Miteinander feiern

Weglauf-Spiele (**M4**)

Miteinander singen

Herr, ich fühle mich bei dir geborgen (siehe Ps 71)

PSALM | 51

Entschuldige, Gott!

Gott, ich bitte dich um Entschuldigung!
Ich habe Fehler gemacht.
Sie kleben an mir wie Schmutz.
Bitte wasch sie ab!

Entschuldige, Gott

Ich weiß, dass du nicht gut findest,
was ich getan habe.
Ich habe dich beleidigt.
Ich weiß aber auch,
dass du es gerne hast,
wenn jemand Gutes tut
und Gutes redet.

Entschuldige, Gott!

Bitte, wasch mich sauber
von meinen Fehlern,
damit ich so weiß wie Schnee werde.
Dann nimmst du eine schwere Last von mir,
die mich zu Boden drückt.
Gib mir ein gutes Herz
und lass mich mit dir neu anfangen.
Denn ein gutes Herz ist wichtiger für dich
als alle Geschenke.
Öffne meinen Mund,
damit meine Lippen erzählen,
wie gut du bist.

Entschuldige, Gott! Amen

I. Thema

Gott will keine Opfer („Geschenke") um des Opferns willen, sondern er wünscht sich Menschen, die ihre Schuld erkennen, ihn um Vergebung bitten und aus der Freude in ihrem Herzen heraus ehrlichen Gottesdienst feiern. – „Was mache ich richtig oder falsch und wer vergibt mir?" ist auch Thema bei Kindern und soll hier mit ihnen erarbeitet werden.

II. Einordnung im Jahreslauf

Am Jahresende, z. B. Buß -und Bettag

III. Erarbeiten

Miteinander beten (**M1** und **M2**)

Miteinander reden

Impuls	Ein Rucksack mit einem schweren Stein liegt in der Mitte. Die Kinder dürfen ihn aufziehen und herumlaufen.
Gespräch	Mit den Kinder überlegen, wie beschwerlich es wäre, wenn sie ständig mit diesem Rucksack herumlaufen müssten. Mit den Kindern erarbeiten, dass nicht nur der Körper sich beschwert vorkommen kann, sondern auch das Herz. Mit den Kindern erarbeiten, was es bedeutet, ein „schweres Herz" zu haben.

Gemeinsames Psalmgebet

Mit den Kindern erarbeiten, was den Beter bedrückt.
Ihnen erzählen, dass die frommen Israeliten Tiere im Tempel verbrannten und damit Gott um Vergebung baten.
Mit den Kindern überlegen, wann und wo sie schon einmal Fehler gemacht haben, ob sie den Mut hatten, sich zu entschuldigen und ob dies angenommen worden ist.
Ihnen zusagen, dass auch Gott Fehler entschuldigt.

Miteinander kreativ sein

Die Kinder packen einen „Fehlerrucksack" (**M3**)

Miteinander feiern

Ein „Brandopfer" darbringen (**M4**)

Miteinander singen

Mein Gott, das muss anders werden (MKL 45)

PSALM 55

Ich weiß genau: Wenn ich zu Gott rufe, hört er mich

Bitte, Gott, mache deine Ohren ganz weit für mich auf,
ich habe dir Wichtiges zu sagen!
Ich habe große Sorgen.
Böse Menschen bedrohen mich und
machen mir mein Leben schwer.
Ich zittere vor Angst
und mein Herz pocht ganz laut.

Ich weiß genau: Wenn ich zu Gott rufe, hört er mich

Ich wünsche mir,
Flügel zu haben wie eine Taube,
um einfach dahin fliegen zu können,
wo ich meine Ruhe habe.
Weit, weit weg in ein fernes Land,
an einen Ort, an dem ich mich sicher fühle.
Weit weg von denen,
die mir Angst machen und mir Schlimmes tun
am Tag und auch in der Nacht.

Ich weiß genau: Wenn ich zu Gott rufe, hört er mich

Was mich so bedrückt, ist,
dass die, die mich quälen, einmal meine Freunde waren.
Wir hatten viel Spaß miteinander,
wir haben zusammen Gottesdienst gefeiert
und zu dir gebetet.
Jetzt wünschte ich, sie würden auf der Stelle verschwinden.
Bitte, Gott, hilf mir!

Ich weiß genau: Wenn ich zu Gott rufe, hört er mich

Gott, du sorgst für mich.
Du wirst die bestrafen,
die mir Böses tun.
Ich aber werde dir immer vertrauen.

Ich weiß genau: Wenn ich zu Gott rufe, hört er mich. Amen

I. Thema

Dieser Klagepsalm hat die Umwandlung von Freunden zu Feinden und die damit verbundenen Rachegefühle zum Thema. Doch der Beter weiß sich in seiner Not von Gott gehört.
Welche Erfahrungen Kinder mit Krisen in ihren Freundschaften machen und welche Rolle es dabei spielt, gehört zu werden, soll hier erarbeitet werden.

II. Einordnung im Jahreslauf

Zu allen Zeiten

III. Erarbeiten

Miteinander beten (**M1** und **M2**)

Miteinander reden

Impuls   Der Leiter/die Leiterin hält sich die Ohren zu und wartet die Reaktion der Kinder ab.

Gespräch   Mit den Kindern überlegen, was es bedeutet, wenn sich jemand die Ohren zuhält. Mit ihnen überlegen, was es bedeutet, wenn jemand nicht mehr hören kann: Nicht (richtig) hören können bedeutet erschwerte Verständigung.
Die Kinder überlegen, was sie den ganzen Tag „zu hören" bekommen und bei wem sie sich „Gehör verschaffen".

           Gemeinsames Psalmgebet

           Mit den Kindern erarbeiten, was der Beter vor Gott zu Gehör bringt.
Die Kinder erzählen lassen, was ihnen an ihren Freunden gefällt oder missfällt, was sie sich von ihren Freunden wünschen.
Sie von eigenen Erfahrungen zum Thema „Krach mit der Freundin/dem Freund" erzählen lassen.
Mit den Kindern erarbeiten, dass Freundschaft ohne das Miteinanderreden und das Einanderzuhören nicht gelingt.
Ihnen zusagen, dass auch Gott ein offenes Ohr für sie hat.

Miteinander kreativ sein

„Ich schenk` dir mein Gehör" – ein Ohr aus Fimo als Geschenk für den Freundin oder die Freundin basteln.

Miteinander feiern

Treffen in der Hör-Bar: Ich kann hören – was für ein Fest! (**M4**)

Miteinander singen

Das wünsch ich sehr (MKL 6)

PSALM 86

Gott, du hörst mich, wenn ich mit dir rede

Gott, ich bitte dich sehr:
Hör mir zu und hilf mir,
denn ich bin arm dran.
Weil ich dein Freund bin, werde ich ausgelacht.
Menschen, die über dich lachen und dich beschimpfen,
machen auch mir das Leben schwer.
Ich aber denke den ganzen Tag an dich,
und ich weiß, dass du bei mir sein wirst.

Gott, du hörst mich, wenn ich mit dir rede

Gott, du bist etwas ganz Besonderes für mich.
Alles was du geschaffen hast auf dieser schönen Erde,
ist etwas Besonderes.
Irgendwann einmal werden das alle Menschen begreifen.
Sie werden zu dir kommen und dir Danke sagen.
Sie werden sagen: auch wir möchten deine Freunde sein, Gott!

Gott, du hörst mich, wenn ich mit dir rede

Gott, ich bitte dich:
Zeige mir, wie ich leben soll!
Denn ich will dir gefallen.
Ich lobe dich von ganzem Herzen,
denn ich weiß, dass du Gutes für mich willst.
und mich immer wieder vor Unglück beschützt hast.

Gott, du hörst mich, wenn ich mit dir rede

Beschütze mich auch jetzt vor denen,
die mir Böses tun wollen.
Ich weiß, dass du mir Kraft geben kannst,
weil du mein Freund bist.
Gib mir bitte ein Zeichen!
Gott, du bist meine Hilfe und mein Trost.

Gott, du hörst mich, wenn ich mit dir rede. Amen

I. Thema

Die Erfahrung der Hilflosigkeit angesichts der Bedrängnis durch die Gottes-leugner wird in diesem Psalm angesprochen. Doch trotz allem kann der Beter Gottes Einzigartigkeit loben. Denn er weiß, dass sich der hörende Gott auch in der Rettung als einzigartig bewähren wird. Inwiefern Kinder schon einmal Rettung erfahren haben bzw. selber Retter waren, soll hier erarbeitet werden.

II. Einordnung im Jahreslauf

Zu allen Zeiten, Sommerzeit – Badezeit

III. Erarbeiten

Miteinander beten (**M1** und **M2**)

Miteinander reden

Impuls	Ein aufgeblasener Schwimmring (Badeartikel/Sommer) liegt in der Mitte.
Gespräch	Mit den Kinder überlegen, wo und warum es solche Ringe gibt und wann sie zum Einsatz kommen. Mit ihnen überlegen, in welche Gefahrensituationen Menschen geraten können, die eine Rettung überlebens-notwendig macht (Meer, Gebirge, Luft, Unwetter, Krankheit, Hunger, Durst, etc.).

Gemeinsames Psalmgebet

Mit den Kindern erarbeiten, dass der Beter auf Grund seines Bekenntnisses zu Gott in Gefahr geraten ist.
Die Kinder erzählen lassen, in welche Notsituationen sie schon einmal geraten sind, wer sie gehört und wer ihnen geholfen hat. Wo haben sie schon einmal jemandem in Not geholfen?
Den Kindern zusagen: Gott will für uns wie ein Rettungsring sein, an dem wir uns festhalten können, wenn wir in Not sind. Wir dürfen ihn um seine Hilfe bitten.

Miteinander kreativ sein

Bunte Rettungsringe malen (**M3**)

Miteinander feiern

Rettung durch Gott feiern (**M4**)

Miteinander singen

Gottes Liebe ist so wunderbar (LzU 32)

PSALM 90

Gott, bleib bei mir,
das wünsch ich mir!

Gott, schon immer
haben Menschen sich bei dir zu Hause gefühlt.
Schon immer hat es dich gegeben,
sogar bevor du die Erde gemacht hast.
Und du wirst so unendlich lange leben,
dass ich es nicht beschreiben kann.

Gott, bleib bei mir,
das wünsch ich mir!

Wir Menschen aber leben nicht so lange.
Wir sterben und werden zu Staub,
weil du es so willst.
Für dich dauert unser Leben nur so lang,
als ob es ein einziger Tag wäre.
Als ob wir Gras wären, am Morgen noch grün und frisch,
aber abends schon unter der heißen Sonne verwelkt.

Gott, bleib bei mir,
das wünsch ich mir!

Warum leben wir nicht so lange wie du, Gott?
Haben wir dich zornig gemacht
und willst du uns bestrafen?
Schenkst du uns deshalb 70, höchstens 80 Jahre?
Unser Leben ist oft anstrengend.
Es eilt wie im Flug davon und dann sterben wir.

Gott, bleib bei mir,
das wünsch ich mir!

Bitte, Gott, schenke uns doch ein fröhliches und langes Leben.
Sei freundlich zu uns und hilf uns, Gutes zu tun.
Alle sollen sehen, dass du unser Gott bist.

Gott, bleib bei mir,
das wünsch ich mir! Amen.

I. Thema

Gottes Ewigkeit und die Klage über die Vergänglichkeit der Menschen ist Thema dieses Psalms. Auch Kinder kommen mit Sterben und Tod in Berührung. Über ihre Erfahrungen soll hier nachgedacht werden.

II. Einordnung im Jahreslauf

Am Ende des Jahres, z .B. Ewigkeitssonntag, bei einem Todesfall im Umfeld der Kinder

III. Erarbeiten

Miteinander beten (**M1** und **M2**)

Miteinander reden

Impuls   In der Mitte liegt vertrocknetes Gras.

Gespräch   Mit den Kindern überlegen, was Gras wachsen und was es vertrocknen lässt

Gemeinsames Psalmgebet

Mit den Kindern erarbeiten, dass der Beter über Gottes Ewigkeit und des Menschen Vergänglichkeit klagt. Dass er glaubt, dass die Menschen selber schuld am Tod sind (nicht durch einzelne Verfehlungen, sondern durch Abfall von Gott in der Geschichte Israels, angefangen bei Adam und Eva!).
Mit den Kindern überlegen, welche Erfahrungen sie mit Sterben und Tod im Familien- und Freundeskreis gemacht haben und wer sie in ihrer Trauer getröstet hat.
Mit ihnen erarbeiten, dass alles Leben vergänglich ist (siehe das vertrocknete Gras!), weil Gott es so eingerichtet hat und dass das *keine* Strafe ist! Mit ihnen erarbeiten, dass Menschen aber durchaus „Schuld" am Tod anderer haben können (z. B. Mord).
Den Kindern zusagen, dass Gott sie im Leben, im Sterben und im Tod begleitet und dass er sie, auch durch andere Menschen, in ihrer Trauer trösten will.

Miteinander kreativ sein

Ein „Tränenhaus" bauen (**M3**)

Miteinander feiern

Spiele zu Tränen und Trost (**M4**)

Miteinander singen

Das wünsch ich sehr (MKL 6)

PSALM | 102

Kehrvers 1: *Versteck dich nicht vor mir, mein Gott!*

Gott, ich bin so sehr traurig!
Böse Menschen bedrohen mich.
Ich bin einsam wie ein Vogel in der Wüste.
Niemand ist mehr für mich da: kein Mensch und auch du nicht.
Ich vertrockne wie eine Pflanze ohne Gras, Wasser und Erde.
Ich esse meine Asche, ich trinke meine Tränen.
Hast du mir mein Leben geschenkt,
um es jetzt wie Müll wegzuwerfen?
Was habe ich falsch gemacht?

Versteck dich nicht vor mir, mein Gott!

Kehrvers 2: *Du versteckst dich nicht vor mir, mein Gott*

Doch ich bin mir auch in meinen Sorgen sicher:
Du wirst immer zu mir halten!
Du schaust aus deiner Wohnung im Himmel zu mir herab.
Du hörst mein Jammern und Weinen.
Du willst mir, du willst uns allen helfen,
damit wir dich loben und für dich singen.

Du versteckst dich nicht vor mir, mein Gott

Gott, du weißt, dass du mir ganz schön
was aufgeladen hast in meinem Leben!
Doch trotz allem kann ich dir Danke sagen.
Denn du hast den Himmel und die Erde für mich gemacht.
Irgendwann wird es das alles nicht mehr geben,
aber du wirst immer da sein
und alle, die dich lieb haben, werden bei dir sein.

Du versteckst dich nicht vor mir, mein Gott. Amen.

(Zu Kehrvers 1 wird ein dunkles Klangholz geschlagen, zu Kehrvers 2 eine Triangel. Dadurch wird das „Trotzdem" des Gotteslobes auch akustisch deutlich.)

I. Thema

Dieser Psalm redet von der Ablehnung des Beters durch Gott und seiner erneuten Zuwendung. Die persönliche Klage mündet in das „Trotzdem" des Gotteslobes. Auch Kinder erleben dieses „Trotzdem" in ihrem Alltag. Trotz ihrer Fehler und Ängste werden sie angenommen, auch sie nehmen andere an – trotz ihrer Fehler. Dieser Gedanke soll hier vertieft werden.

II. Einordnung im Jahreslauf

Zeiten, in denen Not, Klage und die Frage nach Schuld besonders benannt werden, z. B. Aschermittwoch, Buß – und Bettag, Ewigkeitssonntag

III. Erarbeiten

Miteinander beten (**M1** und **M2**)

Miteinander reden

Impuls   Eine Schale mit Asche steht in der Mitte.

Gespräch   Die Kinder überlegen, was das ist, woher es kommt, was man damit machen kann.
                Den Kindern erzählen, dass „Asche aufs Haupt streuen" (und das Herunterfallende essen) in Israel ein Zeichen für Eingeständnis von Schuld und von Umkehr war (siehe Hiob). Vom Zeichnen mit dem Aschekreuz am Aschermittwoch in den kath. Kirchen erzählen (lassen).

                Gemeinsames Psalmgebet

                Mit den Kindern erarbeiten, worüber der Beter klagt und warum er trotzdem Gott loben kann.
                Mit den Kindern überlegen, ob sie schon einmal „schlechte Tage" gehabt haben; wann Ärger, Angst, Traurigkeit, schlechtes Gewissen, Krankheit oder Misserfolge sie geplagt haben; wer ihnen geholfen, getröstet, verziehen, wer sie „ertragen" hat. Ihnen zusagen, dass nicht nur Menschen verzeihen und trösten, sondern auch Gott.

Miteinander kreativ sein

Asche herstellen und die Kinder mit Asche zeichnen (**M3**)

Miteinander feiern

Spiele vom Verstecken und Wiederfinden (**M4**)

Miteinander singen

Du verwandelst meine Trauer in Freude (MKL 9)

PSALM | 115

Gott beschützt uns und hilft uns

Oft werde ich ausgelacht.
Oft werde ich gefragt:
Wo ist denn dein Gott?
Ich kann ihn gar nicht sehen!

Gott beschützt uns und hilft uns

Mein Gott ist im Himmel.
Weit weg und doch ganz nah.
Stark ist er und mächtig.
Was er will, das geschieht.
Ich weiß, es gibt nur ihn allein. Er lebt!

Gott beschützt uns und hilft uns

Gott denkt an euch und segnet euch.
Segnen, das heißt behüten.
Gott denkt an euch und behütet euch,
euch Kleine und die Großen.
Ihr seid die Behüteten des Herrn,
der Himmel und Erde gemacht hat.
Gott wohnt im Himmel.
Die Erde hat er uns zum Leben gegeben
damit wir ihn loben unser ganzes Leben lang.

Gott beschützt uns und hilft uns. Amen

Clemens, 7 Jahre

I. Thema

Wo ist denn dein Gott? – Die Auseinandersetzung, die das Volk Israel mit seiner heidnischen Umwelt und deren Göttern führt, gipfelt im Bekenntnis zu dem einen bewahrenden Gott. Die Frage nach Existenz, Wohnort und Wirken Gottes beschäftigt auch Kinder („Gott wohnt im Himmel und passt auf uns auf") und soll hier bedacht werden.

II. Einordnung im Jahreslauf

Zu allen Zeiten, besonders nach Unglücksfällen („Wo warst du Gott?")

III. Erarbeiten

Miteinander beten (**M1** und **M2**)

Miteinander reden

Impuls   Verschiedene Hüte/Schutzhelme liegen in der Mitte, die die Kinder ausprobieren dürfen.

Gespräch   Mit den Kindern überlegen, wo/warum/wann Menschen Hüte bzw. Helme tragen. Sie begreifen, dass diese Kopfbedeckung einerseits Schmuck, andererseits notwendiger Schutz ist. Sie verstehen, woher das Wort be-hüten kommt.

Gemeinsames Psalmgebet

Mit den Kindern erarbeiten, wo nach Auffassung des Beters Gott und wo ihrer Meinung nach Gott wohnt. Ihnen erklären, dass der „Himmel" für den Bereich steht, der menschlicher Kenntnis entzogen ist.
Mit ihnen überlegen, woran sie die Existenz Gottes spüren.
Mit ihnen erarbeiten, dass auch in einem von Gott gesegneten Leben Dinge passieren, die als Unglück empfunden werden und Gottes Handeln nicht immer verständlich ist.
Ihnen zusagen, dass Gott Gutes für uns Menschen will und auch im Unglück und trotz Unglück behüten will. Dazu nimmt er sich auch Menschen als „Werkzeug". Um dieses Behüten, seinen Segen dürfen wir täglich bitten.

Miteinander kreativ sein

Wettbewerb: Segenshüte basteln (**M3**)

Miteinander feiern

Gott behütet mich – ein Be-hüte-nfest miteinander feiern (**M4**)

Miteinander singen

Herr, dein guter Segen (MKL 16)

Materialanhang

Clemens, 7 Jahre

M1 Eingangsgebet

Guter Gott, ich danke dir, dass ich geboren worden bin und auf dieser schönen Erde leben kann. Ich lebe gerne hier und freue mich an der Sonne und auch am Regen. Denn beides brauchen wir zum Leben. Danke für die Sonne und den Regen. Amen

M2 Schlussgebet

Guter Gott, ich möchte auch sein wie ein Baum, der an einem Bach gepflanzt ist und dessen Wurzeln im Wasser trinken können. Ich möchte, dass du mein Freund bleibst; dass du mich stark und mutig machst; dass du mich tröstest, wenn ich traurig bin; dass du mir Menschen schenkst, mit denen ich Spaß haben kann und bei denen ich mich wohl fühle. Amen

M3 Eine „Wasserbar" einrichten

Verschiedene leere Gläser mit Deckel mit verschiedenen Wässern füllen: Leitungswasser, Meerwasser, Kondenswasser aus dem Trockner, Putzwasser, verschiedene Getränke wie Tee, Kaffee, Limonade, gefärbtes Wasser etc. Auch draußen auf die Suche nach dem Wasser gehen: Regenwasser in Pfützen und Tonnen, Bachwasser usw. aufspüren.
Alle Gläser beschriften. Dazu malen die Kinder schöne Etiketten.

M4 Das Wasser feiern

Gott für das Wasser danken. Dazu alle Gläser in die Mitte stellen und einzeln benennen.
Miteinander zuerst Leitungswasser, dann Limonade oder Saft trinken. Gott danken, dass es „Wasser mit Geschmack" gibt.
Wasserspiel: In einer mit Wasser gefüllten Schüssel schwimmt ein Apfel. Die Kinder versuchen durch Hineinbeißen den Apfel aus der Schüssel zu holen.

M1 Eingangsgebet

Guter Gott, manchmal geht es mir nicht gut. Ich fühle mich nicht geliebt, ich scheine alles falsch zu machen, ich werde ausgelacht, ich habe Angst. Bitte hilf mir, damit ich nicht traurig und ängstlich bleibe. Mach mich wieder froh! Amen

M2 Schlussgebet

Bleibe bei mir, Gott, wenn ich lache und auch wenn ich weine. Ich will zu dir gehören mit meiner Fröhlichkeit und auch mit meiner Traurigkeit. Ich brauche deine Freundschaft! Bitte beschütze mich und alle, die ich liebe. Amen

M3 Segen

Gott sei für dich wie ein Schild, der dich beschützt,wenn andere dir Böses tun wollen.
Er nehme dich an die Hand, damit du dich nicht alleine fühlst.
Er mache deinen Weg sicher, damit deine Füße nicht stolpern.
Er vertreibe deine Traurigkeit und schenke dir Sonne im Herzen.
Gott lässt dich wieder lachen, du brauchst dich nicht zu fürchten!

M4 Kopiervorlage Segens-Schutzschild

Vergrößern Sie das Motiv und kleben Sie es auf feste Pappe. Ziehen Sie auf der Rückseite jeweils durch zwei untere und zwei obere Löcher Kordel, so dass eine Kinderhand hindurch passt, und verknoten Sie diese. Die Kinder malen ihren Schild an.
Eine Kopie des Segenswortes wird auf die Vorderseite geklebt.

M5 Die Angst vertreiben

Alle bis auf ein Kind stellen sich mit ihren gebastelten Schutzschildern in einer Reihe auf. Die Kinder über-legen, was ihnen Angst macht. Der Leiter/die Leiterin ruft dann z.B: „Wehrt die Angst vor der Dun-kelheit ab!" Das Kind wirft einen kleinen weichen „Angstball" und versucht, ein Kind damit zu treffen. Die Kinder versuchen, den Ball mit ihrem Schild abzuwehren. Wenn jedes Kind dran war, schließt das Spiel mit dem Segen (**M3**).

M1 **Eingangsgebet**

Gott, ich danke dir, dass ich geboren bin. Im Bauch meiner Mutter bin ich gewachsen. Ich darf leben und freue mich darüber. Amen

M2 **Schlussgebet**

Gott, wir danken dir, dass wir Kinder für dich so wichtig sind wie Erwachsene. Wie ein König und eine Königin dürfen wir über die Erde herrschen. Wir bitten dich: Lass uns vorsichtig auf unserer Erde leben und liebevoll mit den anderen Menschen, Tieren und Pflanzen umgehen. Amen

M3 **Kopiervorlage Königskrone**

Das Motiv auf Din-A-4 Größe auf Pappe vergrößern. Aus Pappe jedem Kind in Kopfumfanggröße einen Streifen schneiden und an den Enden festtackern. Die Krone bemalen lassen und auf das Band kleben.

M4 **Rezept Königskuchen**

250 g Butter, 200 g Zucker, etwas Salz, 5 Eier, 500 g Weizenmehl, 4 gestr. Teel. Backpulver, knapp 1/8 l Milch, 150 g Korinthen, 250 g Rosinen, 125 g Zitronat (klein gewürfelt).

Das Fett schaumig rühren, Zucker, Eier und Salz hinzugeben. Das mit Backpulver gemischte und gesiebte Mehl mit der Milch unterrühren. Korinthen, Rosinen und Zitronat zuletzt unter den Teig heben und in eine gefettete Kastenform füllen.

Bei 175–185° (Heißluft weniger) 80–100 min backen.

M1 Eingangsgebet

Guter Gott, ich fühle mich bei dir geborgen. Ich fühle mich bei dir zu Hause. Ich danke dir, dass du immer bei mir bist und mich in der vergangenen Nacht beschützt hast. Ich bitte dich: Bleibe heute bei mir und wirf alles, wovor ich Angst habe, einfach weg. Amen

M2 Schlussgebet

Guter Gott, die Erwachsenen sagen manchmal: „Ich habe es schwer mit dir." Ich habe es auch manchmal schwer mit den Erwachsenen. Ich habe es manchmal schwer mit meinen Geschwistern und meinen Freunden. Dann möchte ich einfach weglaufen oder wie ein Vogel wegfliegen. Bitte bleibe bei mir und mach, dass mein Leben wieder leichter wird. Amen

M3 Mit Fingerfarbe gestalten: Fensterbild Berge und Vögel

Sie brauchen: Fingerfarbe und Malkittel für die Kinder. Auf ein Fenster malen die Kinder (mit Hilfe, aber ohne konkrete Vorlage) Berge und Vögel. Unter das Bild wird der Zuspruch geschrieben: „Du musst nicht davonlaufen. Du musst nicht davonfliegen. Gott sieht dich, wenn du Angst hast, und hilft dir.

M4 Weglauf-Spiele

1. *Sackhüpfen:* Je zwei Kinder steigen in einen großen Jute- oder Plastiksack und laufen um die Wette.

2. *Eierlaufen:* Je zwei Kinder bekommen einen Löffel in die rechte Hand, auf dem ein hart gekochtes Ei liegt. Sie laufen damit um die Wette.

3. *Wer hat Angst vorm schwarzen Mann?* Ein Kind (K1) steht auf der einen Seite eines Spielfeldes, alle anderen (K2) auf der anderen. K1: Wer hat Angst vorm schwarzen Mann? K2: Niemand! K1: Und wenn er kommt? K2: Dann laufen wir!
   Die Kinder laufen los und versuchen, auf die Seite von K1 zu gelangen. Dieses versucht, ein Kind zu fangen, das dann der „Schwarze Mann" ist.

4. *Fangen mit Begriffen:* Ein Kind ist der Fänger. Auf sein Wort hin. (z. B. Tier) müssen alle Kinder ein Tier nennen und stehen bleiben. Wem kein Begriff einfällt, wenn der Fänger nach ihm greift, hat verloren und ist neuer Fänger.

5. Den Spruch (**M3**) allen Kindern zusprechen.

M1 Eingangsgebet

Guter Gott, jeden Morgen geht die Sonne auf. Ich danke dir, dass du es hell werden lässt. Ich danke dir, dass du die Sonne auch wieder untergehen lässt. Der Mond und die Sterne gehen dann am Himmel auf. Ich darf mich von meinem Tag ausruhen und schlafen. Die Sonne, der Mond und die Sterne gehören zu meinem Leben. Ich danke dir dafür. Amen

M2 Schlussgebet

Guter Gottes, alles was ich sehen kann, hast du gemacht. Alles, was ich hören kann, hast du gemacht. Auch mich hast du gemacht, damit ich in deiner schönen Welt glücklich bin. Ich danke dir. Ich bitte dich heute besonders für die, die nicht sehen können. Wer blind ist, kann das Sonnenlicht nicht sehen und auch der Mond und die Sterne sind ihm verborgen. Ich bitte dich für die, die nicht hören können, was die Welt ihnen erzählt. Ich bitte dich, schenke ihnen viel Licht in ihrem Herzen, damit sie nicht so traurig sind. Amen

M3 Bastelanleitung: Sonne aus gelber Pappe und Krepppapier

Gelber Fotokarton wird in Kreisform ausgeschnitten (Durchschnitt 10 cm). An den Rändern werden gelbe Bänder aus Krepppapier festgetackert. Die Kinder malen der Sonne ein freundliches Gesicht.

M4 Das Hören feiern

Wer sehen kann, für den ist das Sichtbare nichts Besonderes mehr. Wer hören kann, für den ist jedes Geräusch etwas Normales. Erst wer Augenlicht und Hörkraft eingebüßt hat, weiß, was ihm fehlt. Deshalb kann man mit den Kinder ihr Hören feiern und ihnen bewusst machen, dass diese Fähigkeit ein großes Geschenk ist, um diese Welt zu entdecken.

Die Kinder bekommen die Aufgabe, Geräusche wahrzunehmen, zuerst im geschlossenen Raum, dann draußen, und sich möglichst viele zu merken. Wieder in den Gruppenraum zurückgekehrt, zählen die Kinder nacheinander die Geräusche auf.

Abschluss: Guter Gott, ich danke dir, dass ich hören kann, was deine gute Schöpfung mir erzählt. Amen

M1   Eingangsgebet

Guter Gott, ich danke dir, dass du in der letzten Nacht gut auf mich und meine Familie aufgepasst hast. Du bist immer bei mir. Du kennst auch alle meine Wünsche. Manchmal wünsche ich mir ein kleines Tier, für das ich sorgen kann und mit dem ich spielen kann. Vielleicht kannst du mir helfen, dass mein Wunsch irgendwann einmal in Erfüllung geht. Amen

M2   Schlussgebet

Guter Gott, ich danke dir, dass du auch für mich wie ein guter Hirte sein willst. Du passt auf mich auf. Du schenkst mir viele Menschen, mit denen ich leben kann, du schenkst mir Essen und Trinken. Ich danke dir dafür und bitte dich, dass du auch wie ein guter Hirte bist für alle die, die ich lieb habe: meine Eltern, Geschwister, Großeltern und Freunde. Amen

M3   Kopiervorlage Hirte

(Vergrößern Sie das Motiv um 200 %.)

Gott, du bist mein guter Hirte, weil...

M1   Eingangsgebet
Guter Gott, ich kann sehen, ich kann hören, ich kann fühlen, ich kann riechen, ich kann schmecken, ich kann gehen, ich kann lachen, ich kann weinen. Ich bin ganz lebendig. Ich danke dir dafür. Amen

M2   Schlussgebet
Guter Gott, ich bitte dich: Sei bei uns, wenn wir nun gehen. Lass uns nicht vergessen, dass du uns das Leben geschenkt hast und immer unser Freund sein willst. Du bist bei uns in unserer Fröhlichkeit. Du bist bei uns, wenn wir traurig sind. Wir bitten dich: Tröste alle, die weinen. Lass von ihrem Lachen abgeben alle, die fröhlich sind. Amen

M3   Kopiervorlage Smileys für das Stimmungsposter
Jedes Kind bekommt einen Din-A-4-Bogen buntes, festes Papier oder Pappe, auf die oben die Smileys kopiert sind. Unter jeden Smiley schreibt oder malt es die zugehörigen Situationen, ausgehend vom Tageslauf oder allgemein. Die Stimmungsposter werden aufgehängt und miteinander verglichen. Für jüngere Kinder bietet sich eine Gemeinschaftsarbeit auf einem großen Poster an, für das jedes Kind jeweils ein Bild malt.

M4   Fest der fröhlichen Farben
Material: Krepppapierstreifen in vielen bunten Farben
Die Kinder benennen nacheinander, was sie fröhlich macht und suchen sich für jeden Gedanken ein buntes Band aus, mit dem sie sich schmücken. Nach jeder Runde wird der Kehrvers des Psalms miteinander gesprochen. Den Abschluss bietet der letzte Vers des Psalms und das Lied: Du verwandelst meine Trauer …

M1 **Eingangsgebet**
Guter Gott, da bin ich wieder! Ich habe heute Zeit für dich mitgebracht.
Ich bin ja mit so vielen Dingen beschäftigt, dass ich dich manchmal fast
vergesse. Aber ich weiß, dass du mich entschuldigst und dich freust,
wenn ich wieder an dich denke. Danke dafür. Amen

M2 **Schlussgebet**
Lieber Gott, ich bitte dich, lass mich erkennen, wenn ich etwas falsch
gemacht habe. Gib mir den Mut, mich zu entschuldigen. Gib mir die
Kraft, es möglichst nicht wieder zu tun. Amen

M3 **Kopiervorlage „Fehlerrucksack"**
(Vergrößern Sie das Motiv 1 x um
200 % und 1 x um 141 %.)

M4 **Ein „Brandopfer" darbringen**
In Anlehnung an die Opferpraxis
der Israeliten im Tempel, die für
Gott Tiere im Tempel verbrannten, verbrennen die Kinder Zettel. Auf diese wird geschrieben:
„Was ich falsch gemacht habe".
Die Kinder bekommen zuge-
sprochen: „Jeder Mensch macht
Fehler. Wenn wir anderen Menschen mit unseren Fehlern weh
tun, müssen wir sie um Verzei-
hung bitten. Denn auch wir wollen, dass sich der bei uns entschuldigt, der uns verletzt hat. Wir
dürfen unsere Fehler auch Gott
erzählen und ihn bitten: „Herr, erbarme

dich, Herr, verzeih mir." Wenn Gott und die Menschen uns verzeihen,
dann sind wir erleichtert, dann ist uns eine Last abgenommen. Dann
lösen sich unsere Sorgen in Luft auf."
Schlusslied: Wenn du glücklich bist, dann klatsche in die Hand (MKL 141).

M1   Eingangsgebet

Guter Gott, ich danke dir für meine Freunde. Wir können miteinander reden und einander zuhören. Wir können miteinander Spaß haben und miteinander traurig sein. Wir können miteinander spielen und miteinander Unsinn machen. Mit meinen Freunden ist das Leben schöner. Ich danke dir für sie. Amen

M2   Schlussgebet

Guter Gott, du hörst mir zu, wenn ich dich rufe. Ich bitte dich, schenke mir offene Ohren, damit auch ich zuhören kann, wenn jemand mit mir redet. Damit ich Antwort geben kann, trösten, helfen und verzeihen. Meine Ohren sind wichtig für mich, aber auch für die anderen Menschen, mit denen ich lebe. Amen

M3   „Ich schenk dir mein Gehör" – ein Ohr aus *Fimo* als Geschenk für den Freund oder die Freundin basteln

Sie brauchen dazu: *Fimo* in Hautfarbe und anderen Farben. Jedes Kind bekommt ein Stück Fimo nach Wahl, knetet es weich und formt (s)ein Ohr. Die Ohren werden nach Anleitung im Backofen getrocknet. Ist dafür keine Zeit, bekommen die Kinder die „Backanleitung" mit nach Hause.

Die Kinder bekommen zugesagt: *Auch Gott hört uns zu!*

M4   Treffen in der Hör–Bar: Ich kann hören – was für ein Fest!

1. Viele verschiedene Gegenstände aus Holz, Metall, Plastik, Papier, die leicht auf eine Tischkante geklopft werden, sowie verschiedene Lebensmittel (Reis, Hülsenfrüchte etc.) in Dosen oder Gläsern, die geschüttelt werden, sollen von den Kindern erraten werden. Dazu werden ihnen die Augen verbunden.

2. Die Kinder halten Stille. In sie hinein sagt die Leiterin/der Leiter verschiedene Sätze, jeder Satz wird ein bisschen leiser gesprochen, bis (fast) nichts mehr zu hören ist. Wer hört bis zuletzt?

3. „Stille Post": Die Kinder sitzen im Kreis. Ein Kind denkt sich einen Begriff aus und sagt ihn seinem Nachbarskind ins Ohr. Dieser flüstert es seinem Nachbarn weiter. Nach der Runde wird der Begriff laut gesagt. Was ist von ihm übrig geblieben?

M1 **Eingangsgebet**

Guter Gott, du bist wie ein starker Fels, der im Meer in den starken Wellen steht. Du bist wie eine Burg, die von Feinden belagert und beschossen wird und doch nicht eingenommen werden kann. Mit deiner Stärke beschützt du uns. Wir danken dir dafür. Amen

M2 **Schlussgebet**

Gott, wir bitten dich, schenke uns immer einen Freund oder eine Freundin an unserer Seite, damit wir nicht allein sind. Lass uns friedlich mit unseren Eltern und Geschwistern zusammen leben. Zusammen sind wir mutiger und stärker. Bleibe immer bei uns, darum bitten wir dich. Amen

M3 **Kopiervorlage Mauersteine**

(Vergrößern Sie das Motiv um 141 %.)

Der/die/das macht mich stark:

M4 **Vertrauensspiele**

1. Die Kinder halten sich im Kreis an den Händen. Ein Kind steht mit verbundenen Augen in der Mitte. Es lässt sich in eine Richtung fallen und wird aufgefangen.
2. Ein Kind lässt sich von einem anderen Kind durch den Raum führen.
3. Ein Kind geht mit verbundenen Augen durch den Raum und lässt sich nur durch Zurufe steuern.

Die Kinder erkennen: Nur wer den anderen Kindern vertraut, kann sich auf solche Spiele einlassen.

M1 Eingangsgebet
(Vor dem Gebet werden die Kinder gefragt, was sie zum Frühstück gegessen haben.)
Guten Morgen, lieber Gott, hier bin ich wieder.
Ausgeruht von der Nacht, gestärkt von meinem Frühstück/Mittagessen mit Müsli, Smacks, Nutellabrot etc … Ich danke dir, dass ich satt bin. Ich weiß, du wirst auch heute wie ein guter Freund und eine gute Freundin bei mir sein und mich auf meinem Weg durch den Tag begleiten. Dafür danke ich dir. Amen.

M2 Schlussgebet
Guter Gott, als David sich vor König Saul in der Höhle versteckte, da hast du ihn gerettet. Du warst für ihn so wichtig wie das Brot und das Wasser in der dürren Wüste. Ich möchte auch, dass du für mich so wichtig bist wie mein allerliebstes Lieblingsessen und Lieblingsgetränk. Ich möchte, dass du für mich so wichtig bist wie Essen und Trinken.

M3 Kopiervorlage Wandertasche
(Vergrößern Sie das Motiv 2x um 141 %.)

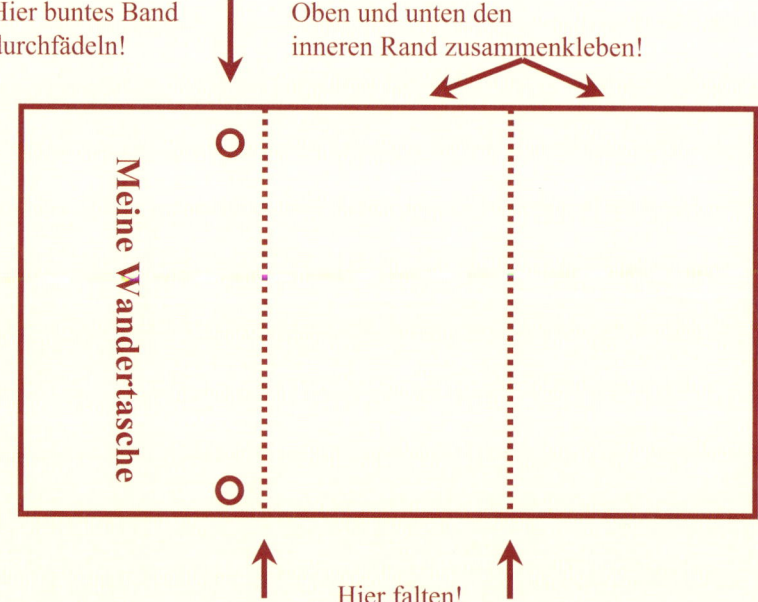

M1 **Eingangsgebet**

Guter Gott, danke für alles, was du gemacht hast: die Berge und das Meer, den Regen und die Sonne, das Getreide auf dem Feld, die Früchte und Blumen, die vielen Tiere. Du bist mein Freund, auch wenn ich etwas falsch mache. Ich bin froh darüber. Amen

M2 **Schlussgebet**

Guter Gott, ich bitte dich: Schenke dem Hungrigen zu essen, dem Durstigen zu trinken, den Streitenden den Frieden, den Traurigen deinen Trost, dem Einsamen einen Freund und eine Freundin. Bleibe du immer mein Freund. Amen

M3 **Kopiervorlage Drehscheibe**

Das Motiv A und B auf dünne Pappe kopieren (vergrößert um 20 %) und ausschneiden. Das Fenster in A ausschneiden.

Der mittlere Kreis von B wird von den Kindern bemalt. Dabei nehmen sie die verschiedenen Aspekte aus dem Psalm auf (Lob der Schöpfung, Dank für Vergebung, Bitte um Frieden).

A auf B legen und mit einer Musterklammer verbinden. Im Drehen des freien Fensters von A kann nun stückweise der Psalm angeschaut werden.

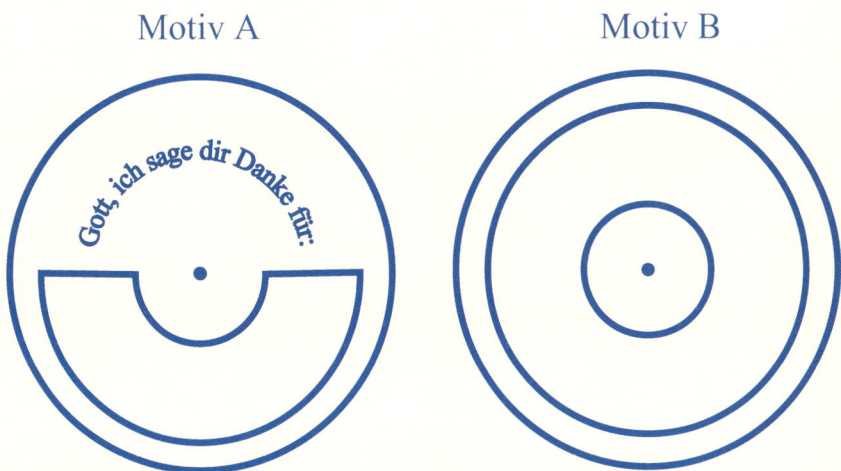

Motiv A   Motiv B

Gott, ich sage dir Danke für:

M4 **Gottes Freundschaft feiern**

Die verschiedenen Drehscheiben in die Mitte legen. Stück für Stück die Motive anschauen. Nach jedem Motiv Gott zum Lob ein Liedvers singen, den die Kinder sich aussuchen können. Zum Abschluss: „Gott, du meinst es gut mit uns. Ich will nie vergessen, die für deine Freundschaft zu danken." Amen

M1 Eingangsgebet

Guter Gott, wir danken dir, dass wir zusammen sein können: Alte und Junge, Kleine und Große. Wir Kleinen haben unser Leben noch vor uns und sind neugierig, was wir alles noch erleben werden. Wir Großen haben schon viel erlebt und wissen nicht, wie viele Jahre noch vor uns liegen. Wir wünschen uns, dass du bei uns bleibst an diesem Tag und an allen Tagen, die für uns noch kommen. Amen

M2 Schlussgebet

Herr, ich fühle mich bei dir geborgen. Herr, ich fühle mich bei dir zu Haus. Bleibe immer bei mir, wenn ich sorge, und wirf das, was mich ängstigt, ganz schnell raus. Amen.

M3 Kopiervorlage Sanduhr

(Vergrößern Sie das Motiv um 200 %.)

M4 Rezept Heidesand

275g Butter, 250g Zucker, 1 Päck. Vanillinzucker, 2 Essl. Milch, 1 gestr. Teel. Backpulver. Die Butter zerlassen, bräunen und kalt stellen. Das erstarrte Fett schaumig rühren, Zucker, Vanillinzucker und Milch hinzugeben und die Masse schaumig rühren. Nach und nach das mit Backpulver gemischte Mehl unterrühren und verkneten. 3 cm dicke Rollen formen, kalt stellen. In 1/2 cm dicke Scheiben schneiden, auf ein Backblech legen. 10 min bei 175°.

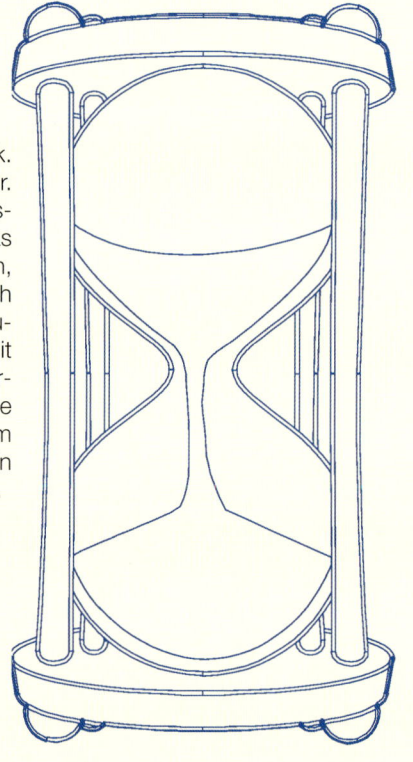

M1 **Eingangsgebet**

Guter Gott, manchmal bin ich so glücklich, dass ich die Welt umarmen möchte. Manchmal bin ich so traurig, dass ich weinen muss. Du schenkst mir meine Freude und du bist bei mir in meiner Traurigkeit. Dafür danke ich dir. Amen

M2 **Schlussgebet**

Wenn wir jetzt voneinander weggehen, denken wir daran: Wir sind niemals allein. Gott schenkt uns viele Menschen, die uns begleiten. Wir danken dir besonders für unsere Eltern, die Mütter und die Väter, die uns beschützen und für uns da sind. Wir bitten dich: Schenke allen Kindern dieser Welt einen Menschen, der sie lieb hat. Amen

M3 **Bastelanleitung Platzdeckchen**

Sie brauchen: bunten Bastelkarton DIN-A-4, selbstklebende Folie, „Danke" auf weißes Papier kopiert und um 200 % vergrößert.

Die Kinder malen und schneiden die Buchstaben aus. Sie kleben die Buchstaben durcheinander auf den Bastelkarton, malen und schreiben noch dazu, was sie möchten. Der Karton wird mit Folie beklebt und wird dadurch wischfest. (Wichtig: Das Bekleben unbedingt vorher üben, es ist nicht ganz einfach, es faltenfrei hinzubekommen!)

M1   Eingangsgebet

Guter Gott, heute erinnern wir uns daran, wie du dein Volk Israel beschützt hast. In Ägypten musste es sehr hart arbeiten. Du hast es befreit und durch die Wüste in ein schönes Land geführt, wo es leben konnte. Du warst immer bei ihm.

Wir bitten dich, sei du heute auch bei uns, denn wir wollen zu dir beten, für dich singen, mit dir reden. Amen.

M2   Schlussgebet

Guter Gott, es fällt mir oft schwer, Danke zu sagen. Manchmal fällt es mir auch gar nicht ein. Aber wenn ich jemandem etwas schenke, freue ich mich, wenn mir gesagt wird: Ich danke dir, ich freue mich darüber. Bitte hilf mir, das Danken zu lernen.

Amen

M3   Kopiervorlage „Danke"

M4   Phantasiereise durch die Wüste

Die Kinder sitzen oder liegen und schließen die Augen. Die einzelnen Sätze werden ruhig gesprochen. Zwischen den Sätzen Pausen machen! Die Sätze können ergänzt werden, denn diese Phantasiereise ist nur ein Gerüst:

„Heute gehen wir in die Wüste. N.N. wird immer kleiner, bis es nicht mehr zu sehen ist. Ich sehe Sand und Felsen. Überall Sand und Felsen. Keine Blume ist zu sehen, nur Dornenbüsche. Es ist heiß. Die Sonne brennt vom Himmel. Keine Wolke ist zu sehen. Ich habe schrecklichen Durst. Ich könnte ein paar Liter Wasser trinken. Gestern noch habe ich meine Milch nicht getrunken und ein halbes Glas Mineralwasser weggeschüttet. Wenn ich das jetzt hätte. Meine Zunge ist schon ganz dick vor Durst. Aber jetzt kann ich etwas hören. Da vorne sprudelt Wasser! Ich krieche mit letzter Kraft zum Felsen und halte meine Hände auf. Ich trinke. köstliches kaltes Wasser. Ich lasse es über mein Gesicht laufen. Ich bin gerettet. Gott, ich danke dir. Nun gehe ich wieder zurück nach N.N. Ich mache die Augen auf und sehe die anderen Kinder."

M1 Eingangsgebet:

Wo wohnst du, Gott? Ich habe schon oft darüber nachgedacht. Bitte zeige mir, dass du nah bei mir wohnst. Amen

M2 Schlussgebet:

Guter Gott, ich danke dir für mein Zuhause und für meine Familie; Dafür, dass ich ein Dach über dem Kopf habe und sicher wohnen kann. Viele Kinder auf dieser Erde müssen auf der Straße leben und schlafen. Ich habe es gut. Ich danke dir, dass du auch bei mir wohnen willst. Bleibe bei mir an diesem Tag und in der Nacht, die kommt. Ich bitte dich für alle Kinder dieser Erde: Schenke ihnen ein Zuhause, in dem sie sich wohl fühlen. Amen

M3 Kopiervorlage Haus

(Vergrößern Sie das Motiv um 200 % auf dünne weiße Pappe.)

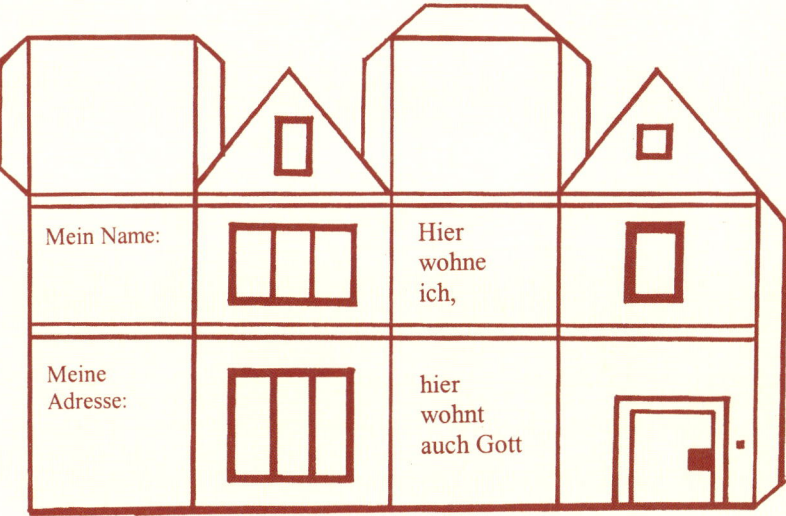

M1 **Eingangsgebet**
Guter Gott, ich danke dir, dass du mich so wunderbar gemacht hast. Ich danke dir für die Schöpfung: die Menschen, die Tiere und Pflanzen. Lass mich immer wieder daran denken, dass jedes Lebewesen etwas ganz Besonderes ist, so wie du! Amen

M2 **Schlussgebet**
Guter Gott, du bist wie ein Rettungsring für mich. Ich danke dir, dass du mir immer wieder Menschen schickst, die mir helfen, wenn es mir schlecht geht. Ich bin nicht allein. Ich bitte dich: Schenke mir offene Ohren, damit auch ich hören kann, wenn jemand meine Hilfe braucht. Mache mir Mut, anderen zu helfen. Amen

M3 **Kopiervorlage Rettungsring**
(Vergrößern Sie das Motiv 2x um 200%)

M4 **Rettung durch Gott feiern**

Text:
1. Ich
   wünsch
   mir eine
   Insel, auf
   der ich
   sicher bin,
   darauf dann
   die Familie und
   meine Freunde sind.
2. Die Wolken bringen Regen, den Sturm, den starken Wind. Ich habe keine Angst mehr, weil ich hier sicher bin.
3. Gott, du bist meine Insel, der feste Rettungsring. Du nimmst mir meine Angst weg, ich bin so gern dein Kind.

Bewegungen:
1. Str.: **Ich wünsch:** die Hände werden zu Schalen geöffnet; **sicher:** sich selber umarmen; **Freunde/Familie:** die Hände zeigen in den Kreis;
2. Str.: **Regen:** die Hände zeigen den herabfallenden Regen an; **Sturm:** die Kinder blasen kräftig; **keine Angst:** Kinder fassen sich an den Händen;
3. Str.: **Insel:** Kinder gehen einen Schritt nach vorne; **Angst weg:** beide Hände drücken in die Luft; **Kind:** sich selber umarmen.

M1   Eingangsgebet
Guter Gott, ich lebe gerne. Ich danke dir, dass du mir mein Leben geschenkt hast und dass ich diese Welt entdecken kann. Ich freue mich darüber. Amen

M2   Schlussgebet
Guter Gott, ich darf leben, andere müssen sterben. Ich bin sehr traurig darüber, dass es Menschen nicht mehr gibt, die ich lieb gehabt habe: Urgroßeltern, Großeltern, Verwandte oder Freunde. Ich kann mein Leben nicht mehr mit ihnen teilen. Ich weiß aber, dass du es jetzt mit ihnen teilst. Das macht mich froh. Ich bitte dich, tröste mich und alle, die traurig sind, damit wir fröhlich weiter leben können. Amen

M3   Ein „Tränenhaus" bauen
Sie brauchen für jedes Kind einen Schuhkarton. In die eine lange Seite werden drei verschieden große Tore geschnitten. Die Kinder bekleben und bemalen ihren Karton. Die Tore werden mit den Zahlen „5", „10" und „15" versehen (das kleinste Tor bekommt die höchste Zahl). Aus Alufolie werden viele Tränen ausgeschnitten und darauf geklebt. Eines von diesen Häusern kommt in **M4** zum Einsatz.

M4   Spiele zu Tränen und Trost
1. *„Die Tränen wegschießen"*. Sie brauchen: ein Tränenhaus und viele Murmeln („Tränen"). Jedes Kind bekommt 5 Murmeln und versucht, möglichst viele davon in die Tore zu schießen. Es werden mehrere Runden gespielt. Das Kind mit den meisten Punkten gewinnt. Zusage am Ende: „Gott sieht unsere Tränen. Er sieht es, wenn wir traurig sind. Gott will uns trösten. Wir dürfen mit unseren Tränen zu ihm kommen."

2. *„Trost wettwickeln"*. Sie brauchen je Kind eine Maoam-Stange o. ä., um die ein Zettel gewickelt ist, auf dem ein Zuspruch formuliert ist (z. B. Gott hat dich lieb, Gott tröstet dich etc.) Sie binden jeden „Trost" an eine lange Schnur, die am oberen Ende an einem Stift befestigt ist (geklebt oder geknotet). Zwei Kinder bekommen jeweils einen Stift mit einer abgewickelten Schnur in die Hand. Bei „Los" beginnen die Kinder die Schnur auf den Stift zu wickeln. Der Stift wird dabei zwischen Daumen und Zeigefinger gedreht. Wer zuerst fertig ist, hat gewonnen.
Zum Schluss werden alle Trostworte noch einmal vorgelesen.

M1   **Eingangsgebet**
Guter Gott, wir danken dir, dass du uns Menschen schenkst, die uns durch den Tag begleiten und uns beschützen. Wir bitten dich: Sei du auch heute für uns da, wie eine starke Burg, eine fürsorgliche Vogelmutter und ein schützender Engel. Amen

M2   **Schlussgebet**
Guter Gott, du bist mit uns hierher gekommen, du gehst nun wieder mit jedem von uns nach Hause. Unter deinem Schutz fühlen wir uns wohl und stark. Wir bitten dich: Schenke allen Menschen, die uns wichtig sind, diesen Schutz. Schenke uns allen einen Schutzengel. Amen.

M3   **Kopiervorlage „Flügel" und „Hände"**
(Vergrößern Sie die Motive um 200 %.)

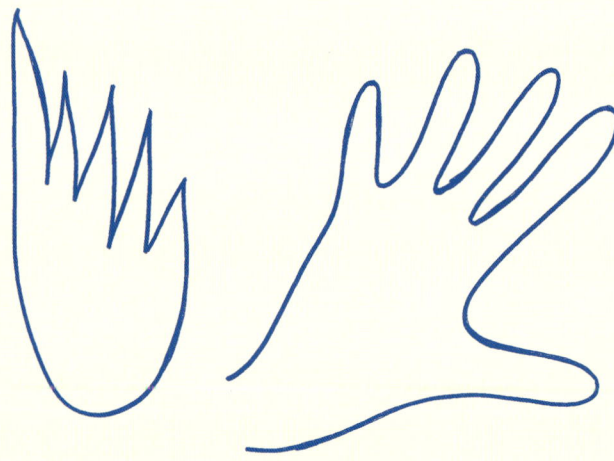

M4   **Rezept Buttergebäck für Engelflügelplätzchen**
250g Mehl, 200g Butter, 100g Zucker, 1 Eigelb, abgeriebene Zitronenschale. Aus den Zutaten einen Mürbeteig herstellen, 30 min im Kühlschrank ruhen lassen. Ausrollen. Schablonen auf den Teig legen und ausschneiden. Bei 180° ca. 10 min backen.

M1 **Eingangsgebet**

Guter Gott, am Morgen, wenn die Sonne aufgeht, bist du bei mir. Am Abend, wenn die Sonne untergeht, bist du auch bei mir. Und in der Nacht, wenn der Mond und die Sterne am Himmel stehen, dann wachst du über meinen Schlaf. Das macht mich froh. Ich danke dir dafür. Amen.

M2 **Schlussgebet**

Guter Gott, lass mich wie ein Baum sein, der kräftig wächst. Sei du wie Wasser, Luft und Erde für mich, die mich ernähren. Sei wie die Sonne für mich, die mich fröhlich macht. Sei immer bei mir und denen, die ich lieb habe. Amen

M3 **Kopiervorlage Blätter**

(Vergrößern Sie die Motive um 200 %.)

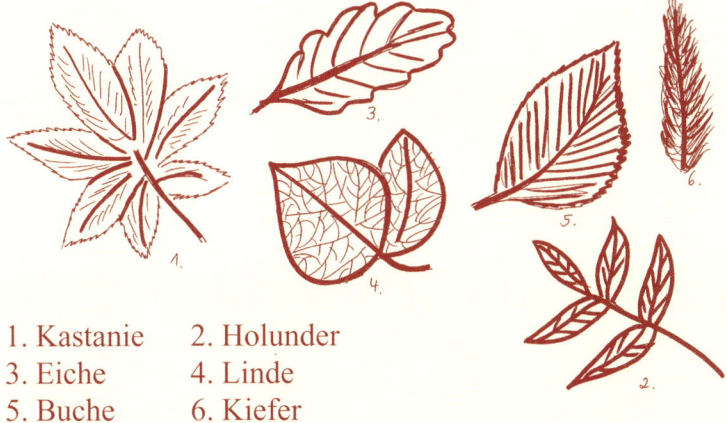

1. Kastanie   2. Holunder
3. Eiche   4. Linde
5. Buche   6. Kiefer

M4 **Die Bäume – Gottes Schöpfung im Wald feiern**

Mit dem Förster eine Waldbegehung machen. Im Forstamt der Stadtverwaltung nach einem Ansprechpartner fragen. Wo kein Wald ist, ist bestimmt ein Park, vielleicht wachsen auch um die Kirche herum große Bäume!

Die Bäume erraten. Über ihr Alter, ihren Wert und ihre Gefährdung nachdenken. Warum verlieren Laubbäume ihre Blätter? Welcher Baum trägt welche Früchte? (Wer die Baumbetrachtung selber durchführen möchte, findet Anregungen zum Nachdenken in: Alles was ich wissen will, Ravensburger Verlag 2000.)

Die Waldbegehung endet mit Vaterunser und Segen.

M1 Eingangsgebet

Guter Gott, ich stelle mir vor, dass du im Himmel wie ein guter König auf deinem Thron sitzt und auf die Erde schaust. Du siehst mich. Du siehst, wovor ich Angst habe und worüber ich mich freue. Ich fühle mich bei dir geborgen und danke dir dafür. Amen

M2 Schlussgebet

Guter Gott, du bist auch mein König. Ich werde reich von dir beschenkt. Ich bitte dich, lass mich gut mit allem umgehen, was du mir zum Leben gegeben hast: mit meinen Mitmenschen, mit den Pflanzen und Tieren. Amen.

M3 Arbeitsanleitung Geschenkkartons

Zwei Schuhkartons werden mit weißem Papier beklebt und dann farbig verziert: mit buntem Tonpapier, Glanzpapier, Federn etc. Auf den einen Deckel wird geschrieben: Meine Geschenke von Gott, auf den anderen: Meine Geschenke an Gott. Mit den Kindern werden nun die jeweiligen „Geschenke" erarbeitet, auf Zettel geschrieben oder gemalt und in die Kartons gelegt.

M4 Gottes Königsherrschaft feiern

Die „Geschenke" werden nacheinander verlesen. Gott, ich danke dir…/Gott ich schenke dir … Zwischen jedem Gedanken wird ein Liedvers gesungen. Anschließend nehmen die Kinder ein „Königliches Mahl" zu sich (siehe dazu Psalm 8).

M5

Saget Danke allezeit, Gott, dem Vater, saget Danke allezeit.

1.) An jedem Morgen die Vögel singen, die Jubel-
2.) Und in den Nächten die Grillen singen …
3.) Zu allen Stunden die Menschen singen …

lieder, dir, Christus unserm Herrn. An jedem Morgen die Vögel

singen, die Jubellieder, dir Christus unserem Herrn.

Verfasser unbekannt

M1   **Eingangsgebet**
Guter Gott, im Bauch meiner Mutter bin ich gewachsen. Ich bin geboren worden. Ich habe laufen und sprechen gelernt. Ich wachse jeden
Tag ein Stückchen und kann jeden Tag ein bisschen mehr. Mein Leben
ist wie ein großes Geschenk. Ich danke dir dafür. Amen

M2   **Schlussgebet**
Ich weiß, dass es Kinder gibt, die fühlen sich nicht geliebt. Die glauben
nicht, dass sie ein Geschenk für ihre Eltern und Geschwister sind. Ich
bitte dich für sie und ihre Familien: Lass sie entdecken, wie schön es
ist, miteinander leben zu dürfen. Amen

M3   **Kopiervorlage: „Mutter"**
(Vergrößern Sie das Motiv um 141 %.)

M4   **„Wer oder was bin ich?" Mit einem**
Ratespiel das Leben feiern
Die Kinder stellen abwechselnd durch
Mimik, Gestik und Geräusche bestimm-
te Berufe, Hobbys, Alltagssituationen
u. Ä. dar, die von den anderen Kindern
geraten werden müssen.

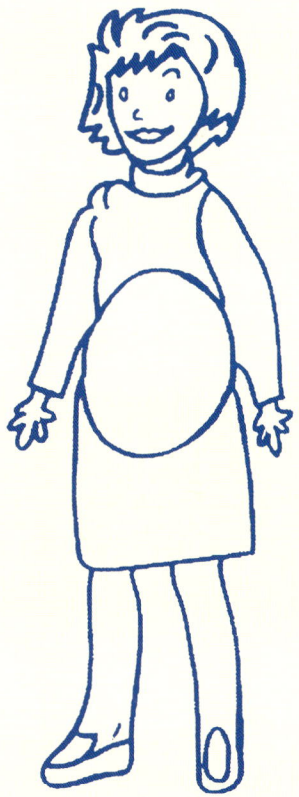

M1 Eingangsgebet

Guter Gott, es gibt Tage, da wünsche ich mir, es gäbe sie gar nicht. Alles läuft schief. Ich mache vieles falsch. Menschen ärgern sich über mich und ich ärgere mich über sie. Ich bin traurig. Ich habe Angst. Da wünsche ich mir, es wäre ganz anders. Bitte hilf mir aus meiner Traurigkeit, meinem Ärger und meiner Angst. Amen

M2 Schlussgebet

Guter Gott, Ich bitte dich, dass du mir hilfst, wenn ich einen schlechten Tag habe, dass du mir verzeihst, wenn ich etwas falsch gemacht habe. Bitte gib mir auch die Kraft, dass ich für andere da bin, wenn es ihnen schlecht geht. Gib mir ein großes Herz, damit auch ich verzeihen kann. Wenn wir füreinander da sind, ist das Leben schöner. Amen

M3 Asche herstellen und die Kinder mit Asche zeichnen

1. Eine Aktion für draußen: in einer Grillwanne Holzkohle verbrennen.
2. Die Kinder werden mit Asche auf der Stirn gezeichnet. Dabei hören sie: „Wir alle machen Fehler. Die Asche ist ein Zeichen, dass wir das wissen und es besser machen wollen".

Beim Schlussgebet wird die Asche (mit Öl) abgewischt.

M4 Spiele vom Verstecken und Wiederfinden

1. *Verstecken* spielen „normal" drinnen oder draußen.

2. *Verstecken* spielen in einem großen Raum bei Stille, mit verbundenen Augen des Suchenden.

3. *Topfschlagen:* Einem Kind werden die Augen verbunden. Ein Topf mit einem Preis und einem Zuspruch wird im Raum versteckt (z. B. „Gott versteckt sich nicht vor dir", Gott verzeiht dir deine Fehler", „Gott ist bei dir, wenn du Angst hast" etc.). Das Kind wird gedreht und geht auf den Knien rutschend, mit einem Kochlöffel in der Hand, auf Suche. Die anderen Kinder steuern es mit den Angaben: warm, wärmer, kalt, kälter usw.

M1   Eingangsgebet

Guter Gott, ohne Wasser können wir nicht leben. Menschen, Tiere und Pflanzen müssen trinken, sonst vertrocknen sie. Du schenkst uns das Wasser, damit wir leben können. Wir danken dir dafür. Amen

M2   Schlussgebet

Guter Gott, wir bitten dich für Menschen, Tiere und Pflanzen, die in Ländern leben und wachsen, in denen es nur wenig Wasser gibt. Bitte schicke ihnen Wolken und Regen, damit sie ihren Durst stillen können. Amen

M3   Stoffdruck Wassertropfen und Regenwolken

Material: weiße T-Shirts oder Baumwolltragetaschen, Moosgummi, Holzstücke oder dicke Pappe, Kleber, Stoffmalfarbe in verschiedenen Blautönen. Die Wolke und ein Wassertropfen werden mit Pauspapier auf das Moosgummi übertragen, ausgeschnitten und auf Holz oder Pappe geklebt. Mit einem Pinsel wird die Farbe auf die Stempel aufgetragen und auf den Stoff gedrückt.

M1   Eingangsgebet
Guter Gott, ich danke dir, dass du mir alles schenkst, was ich zum Leben brauche: Essen und Trinken, meine Familie und Freunde, Luft, Wasser und die Erde, auf der ich stehen kann. Meine geöffneten Hände füllst du jeden Tag. Amen

M2   Schlussgebet
Guter Gott, es geht uns gut. Wir haben alles, was wir zum Leben brauchen, und noch viel mehr. Wir bitten dich für die Kinder auf dieser Welt, die Hunger und Durst haben. Lass es jemanden geben, der in ihre geöffneten Hände das legt, was sie zum Leben brauchen. Amen

M3   Welche Hand gehört zu wem?
Jedes Kind malt die Umrisse seiner Hand. Die Hände werden zerschnitten und gemischt. Die Kinder versuchen nun, ihre Hände wieder zusammenzusetzen. Die Hände werden aufgeklebt.
Für die Kleinsten: Jedes Kind malt seine Umrisse mit einer unterschiedlichen Farbe.

M4   Die Hände feiern
1. Die Kinder *entdecken* ihre eigenen Hände und beschreiben sie. Sie vergleichen ihre Hände mit denen der anderen Kinder.

2. Mit den Kindern überlegen, was Hände *tun können* (geben, nehmen, streicheln, hauen, verwunden, spielen etc.). Sie überlegen, was sie ohne Hände nicht tun können.

3. Die Kinder *spielen* mit den Händen.
   – Zwei Kinder sitzen sich am Tisch gegenüber und haken gegenseitig die Mittelfinger der rechten Hand ein. Sie versuchen, sich gegenseitig über den Tisch zu ziehen.
   – Die Kinder (bis auf eines) stellen sich im Kreis auf und fassen sich an den Händen. Sie steigen nacheinander über die Hände und machen einen Knoten. Das eine Kind versucht, den Knoten zu lösen

4. Verschiedene *Lebensmittel* (Brot, Obst, Süßigkeiten) liegen für eine gemeinsame Mahlzeit in der Mitte. Die Kinder dürfen sich nicht selbst bedienen, sondern müssen warten, dass ein anderes Kind ihnen etwas in die geöffneten Hände legt.
   Abschluss: Gott, wir danken dir, dass du unsere Hände füllst, damit wir leben können. Amen

M1 **Eingangsgebet**
Guter Gott! Mein Leben ist wie ein großes Fest. Du beschenkst mich reich. Ich freue mich besonders über meine Freunde. Ich freue mich auch, dass du die Sonne scheinen lässt. Ich habe genug zu essen und zu trinken. Ich habe viele Spielsachen. Ich danke dir für alles. Amen

M2 **Schlussgebet**
Guter Gott, ich bitte dich für meine Familie und meine Freunde, ich bitte dich für alle Menschen auf dieser Welt. Lass sie spüren, dass du bei ihnen bist und ihnen hilfst, ein glückliches und dankbares Leben zu führen. Amen

M3 **Kopiervorlage „Dank-Spardose"**
(Vergrößern Sie das Motiv 2 x um 200 %.)

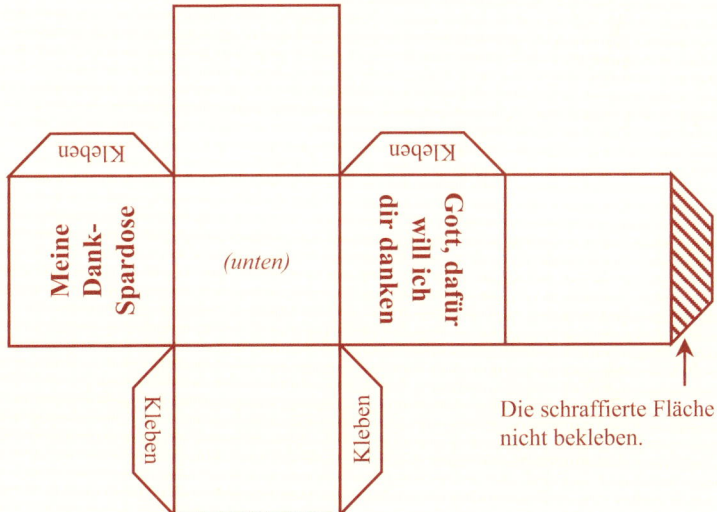

Meine Dank-Spardose

(unten)

Gott, dafür will ich dir danken

Kleben

Kleben

Kleben

Kleben

Die schraffierte Fläche nicht bekleben.

1. Die Spardose auf dünnen, farbigen Karton kopieren, ausschneiden und zusammenkleben.

2. Die Kinder malen oder schreiben auf kleine Zettel, wofür sie Gott oder einem besonderen Menschen danken möchten und stecken sie in ihre Dose. Diese besondere Spardose kann täglich „geknackt" werden, um z. B. die Grundlage für ein Abend- oder Morgengebet zu sein. Sie kann zudem täglich aktualisiert werden.

M4 **Dankfest**
Die Kinder feiern ein Dankfest. Sie schmücken, sofern das nicht schon geschehen ist, einen Kinder-Altar mit Blumen und Kerzen. Sie stellen ihre Dank-Spardosen darauf und stellen sich im Kreis um ihn auf. Nach einem gemeinsamen Danklied spricht jedes Kind einen Dank persönlich aus. Der Psalm wird noch einmal im Wechsel miteinander gesprochen.

M1   Eingangsgebet

Versprich mir bitte, Gott, dass du immer mein Freund sein wirst. Dann geht es mir gut. Ich habe keine Angst, denn du bist bei mir und passt auf mich auf. Danke dafür. Amen

M2   Schlussgebet

Guter Gott, danke, dass ich vieles so gut kann. Ich kann gut … (Kinder zählen auf). Ich kann mich auch gut nach einem Streit wieder vertragen und ich kann auch einem anderen etwas abgeben. Ich bitte dich, gib mir Kraft für alles, was ich tue. Amen

M3   Kopiervorlage Medaillons

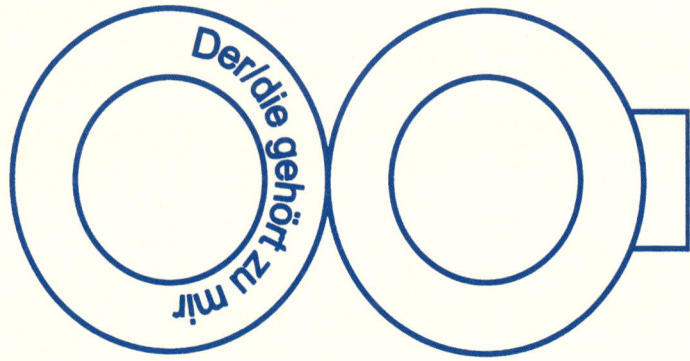

Das Motiv auf dünne weiße Pappe kopieren (um 141 % vergrößert). Das Medaillon ausschneiden und in der Mitte knicken. Den linken inneren Kreis bemalen oder mit einem Foto bekleben. Den rechten Kreis darüber falten. Die Lasche umbiegen. Ein Loch bohren, ein Band durchfädeln und umhängen.

M4   Tauschbörse

Die Kinder verschenken/verleihen von dem, was sie haben und was ihnen gut tut: z. B. eine Stunde ein besonders beliebtes Spielzeug ausleihen, das sie sonst ungern hergeben, besondere Sticker verschenken, die sie doppelt haben, etc. Es kann Zeit für den anderen sein, in der das getan wird, was der andere gerne mag. Es kann Arbeitskraft sein: z. B. bei Hausaufgaben oder Zimmer aufräumen helfen. Jedes Kind sollte etwas bekommen, worüber es sich wirklich freut. Die Kinder schreiben oder malen ihr Angebot.

M1   Eingangsgebet:

Guter Gott, hier bin ich wieder. Ich möchte jetzt mit dir reden und an dich denken. Denn ich weiß, dass du ja auch immer an mich denkst und mich hörst, wenn ich zu dir spreche. Darüber bin ich sehr froh und singe dir mein Halleluja.

M2   Schlussgebet:

Guter Gott, ich weiß, ich könnte manches besser machen. Zum Beispiel fällt es mir oft schwer, Spielsachen und Süßigkeiten zu teilen. Ich weiß oft alles besser. Ich möchte gerne Sieger sein, aber ich verliere oft. Du sagst mir, dass das gar nicht schlimm ist. Du nimmst mich so, wie ich bin, und hilfst mir, wenn es mir nicht gut geht. Dafür danke ich dir von ganzem Herzen. Amen

M3   Siegerurkunde

Das Motiv wird auf dünne Pappe kopiert und vergrößert (1 x um 200 % und 1 x um 110 %. Jedes Kind überlegt, wem es die Urkunde schenken möchte (jemandem aus der Familie, es kann aber auch ein Kind sein, das sich im Raum befindet). Es schreibt oder malt darauf, für was dieser Mensch sein Lob bekommt und schenkt ihm die Urkunde. (z. B. für meine Mutter, sie kann besonders gut zuhören).

Als Gemeinschaftsarbeit kann eine Siegerurkunde für Gott ausgestellt und im Raum aufgehangen werden.

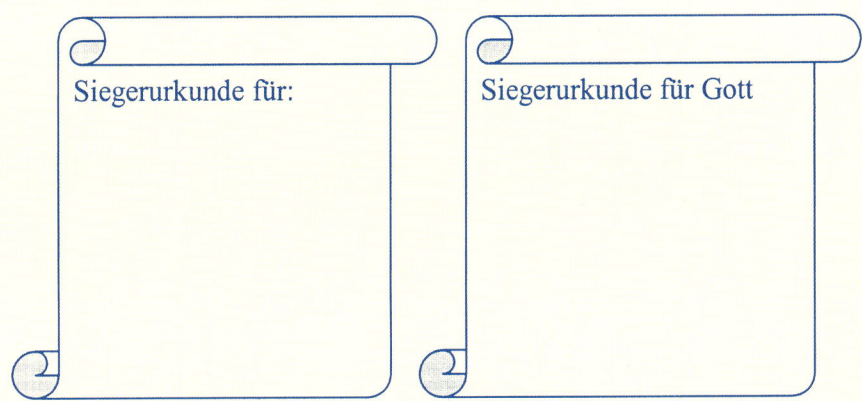

Siegerurkunde für: Siegerurkunde für Gott

M4   Ein Siegerfest feiern

Mit Kindersekt (roter Fruchtsaft mit Mineralwasser) nacheinander alle Kinder, zum Schluss auch Gott, hochleben lassen (mit dem Lied: Wir singen alle Hallelu ...).

M1   Eingangsgebet

Guter Gott, wir danken dir für die Nacht. Du hast uns behütet. Wir danken dir für den neuen Tag. Du bist an unserer Seite und passt auf, dass uns kein Unglück passiert. Wir danken dir, dass du uns ganz nah bist. Amen

M2   Schlussgebet

Manchmal frage ich mich, wo du wohnst, Gott. Wohnst du wirklich im Himmel der Flugzeuge, der Wolken, der Sonne, des Mondes und der Sterne? Wohnst du da, wo die Raketen und Satelliten fliegen? Niemand hat dich dort bisher gesehen. Ich verstehe: Du willst nicht, dass deine Wohnung von uns Menschen gesehen werden kann. Und trotzdem spüre ich, dass du auch in meiner Nähe wohnst. Ich bitte dich um deinen Segen. Ich bitte dich, dass du mich behütest und alle, die ich lieb habe. Amen

M3   Bastelvorlage „Segenshüte"

Aus Zeitungspapier werden Hüte gebastelt (siehe Psalm 121), die von den Kindern bemalt und mit bunten Krepppapierbändern als „Schweif" geschmückt werden.

Wettbewerb: Wer macht den schönsten Hut?

Auf die Hüte wird folgender Text geklebt:

Gott sagt:
Ich segne dich am Tag und in der Nacht;
Ich behüte dich, wenn du Angst hast;
Ich tröste dich, wenn du traurig bist;
Ich freu mich mit dir, wenn du fröhlich bist!

M4   Ein Be-hüte-nfest miteinander feiern

1. *Siegerehrung* (Jedes Kind bekommt einen Preis!)

2. *Lieder vom Be-Hüte-n* singen, z. B: „Herr, dein Guter Segen" und „Mein Hut, der hat drei Ecken". Dieses Lied wird mehrmals gesungen. Bei jeder Strophe wird jeweils das letzte Wort weggelassen und stattdessen gesummt. Zum Schluss summen alle Kinder das Lied.

3. *Hut-spiele* machen: die Hüte (mit Namen versehen) werden vermischt und ein Kind sucht mit geschlossenen Augen einen Hut aus. Der Besitzer darf sich ein Spiel oder ein Lied wünschen.

4. *Wünsche* aussprechen: Wer soll mich behüten und wen möchte ich behüten?

M1   Eingangsgebet
Guter Gott, danke, dass heute die Ferien beginnen (heute die Sonne scheint). Ich bin fröhlich und danke dir. Amen

M2   Schlussgebet
Guter Gott, behüte uns auf unserem Weg in die Ferien, egal, ob wir zu Hause bleiben oder wegfahren. So wie ein Hut vor der brennenden Sonne schützt, beschütze uns, damit wir uns nach den Ferien gesund wieder sehen. Amen

M3   Faltvorlage „Sonnenhut"

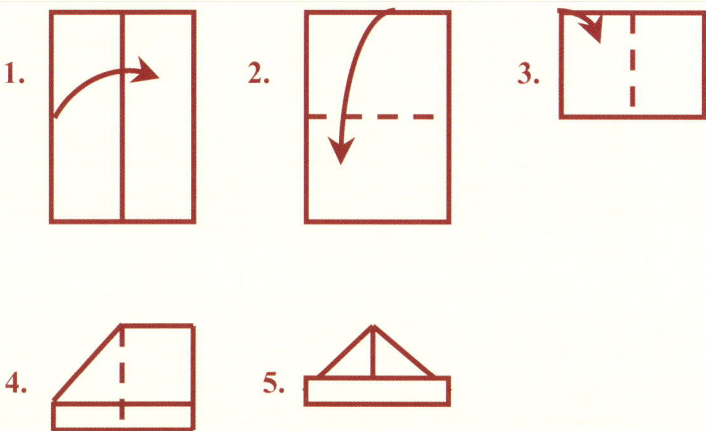

1. Vier Bögen Papier (DIN-A3) zu einem Viereck zusammenkleben. In der Mitte falten und die lange Seite auf die andere Seite knicken. Das Blatt wieder öffnen.

2. Die schmale Seite auf die andere schmale Seite falten.

3. Die linke obere Spitze zur Mittellinie falten.

4. Die rechte obere Spitze zur Mittellinie falten.

5. Die unteren Ränder nach oben falten.

M1   Eingangsgebet

Guter Gott, manchmal habe ich Angst. Ich fürchte mich vor der Dunkelheit. Ich fürchte mich, wenn meine Eltern miteinander streiten. Ich fürchte mich, wenn andere Kinder mich ärgern. Ich fürchte mich, dass ich in der Schule nicht gut genug bin.

Ich bitte dich, schenke mir an jedem neuen Tag einen Menschen, der mir meine Angst nimmt. Amen

M2   Schlussgebet

Guter Gott, wir danken dir für deine Freundschaft. Wir danken dir, dass du es gut mit uns meinst, so wie mit den Menschen im Land Israel, die diesen Psalm zu dir gebetet haben. Wir bitten dich für uns und alle Menschen, die Angst haben: Mache uns mutig und stark, damit wir uns über unser Leben freuen und uns nicht mehr fürchten müssen. Amen

M3   Einen Vogel mit bunten Federn gestalten

Sie brauchen Klebstoff und bunte Federn (Bastelbedarf). Die Kopiervorlage wird auf dünne Pappe kopiert und auf Din-A4-Format vergrößert. Der Vogel wird mit bunten Federn beklebt. Das Psalmwort wird ausgemalt.

Wie ein Vogel
sind wir
einfach
weggeflogen
aus dem
Netz des
Vogelfängers

M4   Ein Vogelfest feiern

Die Kinder schmücken sich als „fröhliche Vögel" mit bunten Federn um den Hals, die an einer Schnur festgebunden werden. Sie singen das Lied von der Vogelhochzeit und essen ein festliches Mahl mit Limonade, Kakao und Kuchen.

M1   Eingangsgebet
Guter Gott, ich danke dir für alle Menschen, die mit mir zusammenleben. Ich danke dir für N.N. (Kinder zählen auf). Amen

M2   Schlussgebet
Guter Gott, nicht alle Menschen haben eine Wohnung oder ein Haus, in dem sie leben können. Viele Kinder müssen auf der Straße leben. Wir bitten dich: Sei du bei ihnen und hilf ihnen. Wir bitten dich für uns selbst und alle, die wir lieb haben: Bleibe bei uns, in jedem Zimmer unserer Wohnung/unseres Hauses. Amen

M3   Kopiervorlage Haus
(Vergrößern Sie das Motiv um 200 %.)

Hier wohne ich mit:

M1 Eingangsgebet

Guter Gott, ich danke dir, dass du mir Menschen schenkst, bei denen ich mich geborgen fühle: meine Mutter, meinen Vater, meine Oma oder meinen Opa. Nicht jedes Kind hat alle diesen Menschen, aber jedes Kind hat wenigsten einen von ihnen. Ich danke für jeden, der mich lieb hat und sich um mich kümmert. Amen

M2 Schlussgebet

Guter Gott, du schenkst mir viele Menschen, die es gut mit mir meinen. Ich bitte dich, gib mir Kraft und Mut, damit auch ich zu anderen gut sein kann. Damit ich jemandem Hilfe sein kann, der mich braucht. Ich möchte, dass auch andere sich bei mir wohl und geborgen fühlen. Amen

M3 Kopiervorlage Ahnengalerie

(Vergrößern Sie das Motiv um 200 %.)

M1 **Eingangsgebet**
Guter Gott, ich danke dir für mein Leben. Ich freue mich auf jeden neuen Tag, den du mir schenkst und an dem ich mich wohl fühlen darf. Amen

M2 **Schlussgebet**
Guter Gott, ich danke dir für meinen Bruder und meine Schwester. Ich danke dir für meinen Freund und meine Freundin. Ich bitte um Entschuldigung für meine Fehler, die ich oft mache und nicht immer einsehen mag: Ich will es in Zukunft besser machen. Bitte hilf mir dabei. Amen

M3 **Duftcreme**
Für jedes Kind etwas einfache Hautcreme abfüllen, die sie sich mit verschiedenen Parfums (Proben!) mischen und mitnehmen dürfen.

M4 **Liebesmahl**
Das Liebesmahl gehört zur Glaubenspraxis der Herrnhuter Brüdergemeine, die im 18. Jh. von Graf Nikolaus Ludwig von Zinzendorf gegründet wurde. Die Gemeine steht in der Tradition des tschechischen Reformators Jan Hus, der 1415 verbrannt wurde. Sie zählt über 400000 Mitglieder in der ganzen Welt und ist Mitglied im Ökumenischen Rat der Kirchen, in der Arbeitsgemeinschaft christlicher Kirchen u. a.
Die von Zinzendorf eingeführten Liebesmahle stehen in der Tradition der Liebesmahlfeiern der ersten Christen (Agapen). Sie ersetzten alle Arten von weltlichen Feiern im kleineren oder größeren Kreis und dienten der Vorbereitung des Abendmahls oder allgemein christlicher Geselligkeit. „Der Zweck von unseren Liebesmahlen ist, die Liebe bei Brüdern zu erwecken und ein rechtes Vertrauen zueinander zu kriegen, um immer noch gemeinschaftlicher zu werden"(Nikolaus Graf von Zinzendorf.)
Als Jugendliche nahm ich mit meiner „brüderischen" Großmutter an Liebesmahlen teil, zu denen es Rosinenbrötchen und Tee gab, die von „Schwestern" mit Hauben ausgeteilt wurden.

Es bietet sich folgender Ablauf für eine Liebesmahlfeier bei Kindern an: Gemeinsames Psalmgebet – Entschuldigung für Unrecht, was wir unserem Bruder/Schwester/Freund/Freundin zugefügt und ihn/sie damit traurig gemacht haben (**M2**) – Essen und Trinken – Lied – Vaterunser – Segen.

M1   Eingangsgebet

Guter Gott, wir sind froh, dass du immer uns bist. Wir sind nicht alleine. Wir haben eine Familie. Aber von ihr brauche ich dir nicht zu erzählen, du kennst sie ja genau. Es ist so, als ob du mein bester Freund bist, der alles von mir weiß und der auch meine Geheimnisse teilt. Ich danke dir, dass du mir so nah bist. Amen

M2   Schlussgebet

Gott, du kennst uns genau, du bist überall, du bist so groß. Das macht uns froh. Viele Menschen aber sind traurig. Viele haben Angst. Viele haben Hunger und viele haben Durst. Für viele Menschen ist das Leben nicht bunt und schön, sondern grau und traurig. Bitte zeige ihnen, dass du auch für sie da bist. Amen

M3   Spiele, die die Gedanken des Psalms aufnehmen

1. *Gedanken lesen* spielen. Die Kinder versuchen gegenseitig, ihre Gedanken zu erraten, ihr Lieblingsessen, ihre Lieblingsspiele etc. Sie begreifen, dass Gedankenlesen unmöglich ist und alle anderen Vorlieben nur erfragt, nicht erraten werden können.

2. *Fangen* spielen.

3. *Verstecken* spielen.

4. *Blindekuh:* Sich mit verbundenen Augen schweigend im Raum bewegen. Versuchen, die anderen Kinder durch befühlen zu erkennen.

5. Versuchen, in einem Sack Gegenstände durch *Befühlen* zu erkennen.

M4   Anleitung für den „Sandkasten":

Eine Streichholzschachtel mit buntem Papier, bunten Perlen, Federn etc. bekleben.

Mit Sand füllen. Dazu kann man normalen Sand, aber auch bunten Sand aus dem Bastelbedarf nehmen.

In jeden „Sandkasten" einen kleinen Zettel legen, auf dem steht:

„Du kannst die Körner in deinem Sandkasten nicht zählen.

Du kannst die Gedanken der Menschen nicht zählen.

Du kannst die Gedanken Gottes nicht zählen.

Du kannst aber auf eines zählen: Gott ist immer bei dir".

M1 Eingangsgebet

Guter Gott, ich danke dir, dass ich geboren worden bin und ich auf dieser schönen Erde leben darf. Ich kann atmen, schmecken, riechen, sehen, hören, gehen und noch so vieles mehr. Ich bin froh darüber. Amen

M2 Schlussgebet

Guter Gott, viele Kinder auf der Welt haben nichts zu lachen. Sie können nicht mit uns das Halleluja singen. Sie haben Hunger, sie haben Angst, sie frieren, sie haben Schmerzen, sie sind traurig. Ich bitte dich, lass mich merken, wenn ein solches Kind vor mir steht, damit ich ihm von meiner Freude abgeben kann. Amen

M3 Siebdruck „Halleluja"

Sie brauchen kleine (Tee-)Siebe, Zahnbürsten, Wasserfarben, die Buchstaben des Halleluja (auf dünne Pappe kopiert). Die Kinder schneiden die Buchstaben des Halleluja aus und legen sie durcheinander auf ihr Bild. Mit der Zahnbürste streichen sie etwas feuchte Farbe auf ihr Sieb und streichen über das Sieb. Die Farbe legt sich wie ein feiner Schleier über die Schablonen und das Papier. Nach dem Trocknen die Buchstaben abnehmen.

M4 Gottes Schöpfung im Spiel feiern

1. *Kannst du hören, wie die Schöpfung flüstert?* – Die Kinder sitzen im Kreis. Ein Kind darf sich einen Begriff ausdenken (z. B. Eichhörnchen). Es flüstert dem Kind, das neben ihm sitzt, diesen Begriff ins Ohr, dieses dem nächsten, usw. Das letzte Kind in der Runde nennt den Begriff.

2. *Die Schöpfung macht sich auf den Weg.* – Die Kinder sitzen im Kreis. Jeweils zwei oder drei Kindern wird ein Begriff aus der Schöpfung zugeordnet (die Kinder dürfen nicht nebeneinander sitzen!). Ein Kind stellt sich in die Mitte, sein Stuhl wird aus dem Kreis genommen. Auf sein Kommando heißt es z.B. „alle Löwen tauschen die Plätze". Das Kind in der Mitte versucht, während des Wechsels einen Platz zu ergattern. Das Kind, welches übrig bleibt, ruft wieder zum Tausch auf.

3. *Eine „Schöpfungs-Wort-Schlange" bilden.* – Die Kinder sitzen im Kreis. Ein Kind beginnt: z. B. Die Bäume loben Gott. Das zweite Kind fährt fort: Die Bäume loben Gott und z. B. die Zebras. Das dritte Kind ergänzt einen dritten Begriff usw.

M1   Eingangsgebet

Guter Gott, heute will ich für dich singen und für dich Musik machen. Damit will ich dir danke sagen für alles, was du mir schenkst. Amen

M2   Schlussgebet

Lasst uns fröhlich gehen. Bis zum Wiedersehen bist du, Gott, bei mir. Herr, ich danke dir.
Lasst uns fröhlich singen. Unsre Lieder klingen ganz bis hin zu dir, Herr, ich schenk sie dir. Amen.

M3   Musikinstrumente, die Geräusche machen

Sie brauchen: 1. *Füllkörper:* leere Plastikbecher und leere Papprollen (die unten mit Papier verklebt sind). 2. *Füllmaterial:* Reis, Hülsenfrüchte, Nudeln o. Ä. Jedes Kind bekommt einen Füllkörper und bemalt oder beklebt ihn nach seinem Wunsch. Der Füllkörper wird mit etwas Füllmaterial gefüllt, mit Papier abgedeckt und mit Klebeband verschlossen.

M4   Gott mit Musik feiern

Lieder zum Gotteslob werden gesungen und mit den selbst gebastelten Instrumenten (und/oder Orff'schen Instrumenten) begleitet. Es ist wichtig, zu Beginn mit den Kindern gemeinsame Spielregeln zu verabreden (z .B. Hand oben = Instrumente laut, je tiefer die Hand geht, desto leiser werden sie).

M5

Antje Maurer

Die Psalmen mit Kindern erleben – Vorschlag einer Ordnung

Ankommen
Die Kinder erwarten und mit ihnen einen Altar vorbereiten.
(Auf einem Tisch oder in der Mitte auf dem Fußboden. Mit einem schönen Tuch, einem Kreuz, Kerzen und Blumen.)

Begrüßung
Neue Kinder begrüßen.
Ins Thema einführen.

Lied
Kommt alle her, hali halo (MKL 146)

Kerzenritus
Die drei Kerzen auf unserem Altar erinnern uns daran, dass wir nicht in unserem eigenen Namen und zu unserem eigenen Lob hier zusammen sind:

Wir zünden die erste Kerze an für
Gott den Vater,
denn er schenkt uns das Leben und zu ihm kehrt es auch wieder zurück.

Wir zünden die zweite Kerze an für
seinen Sohn Jesus Christus,
denn er hat uns mit seinem ganzen Leben gezeigt, wie wir miteinander umgehen sollen.

Wir zünden die dritte Kerze an für
den Heiligen Geist,
denn er schenkt uns Kraft und Mut für jeden neuen Tag.

So feiern wir unser Zusammensein im Namen des Vaters und des Sohnes und des Heiligen Geistes. Amen

Eingangsgebet

Lied: Herr, ich fühle mich bei dir geborgen

Herr, ich füh- le mich bei Dir ge- bor- gen,

Herr, ich füh- le mich bei Dir zu- haus.

Blei- be im- mer bei mir, wenn ich sor- ge, und

wirf das, was mich äng- stigt, ganz schnell raus!

Antje Maurer

B.   Hören und Antworten

Miteinander reden

Lied

Miteinander kreativ sein

C.   Miteinander feiern

D.   Bitten und Segnen

Schlussgebet

Segen
Der Herr sei vor dir und leite dich,
Der Herr sei neben dir und begleite dich,
Der Herr sei hinter dir und schütze dich,
Der Herr sei unter dir und trage dich,
Der Herr sei über dir und öffne dich,
Der Herr sei in dir und schenke dir ein fröhliches Herz.

Lied: Lasst uns fröhlich gehen (siehe **M5** zu Psalm 150)

Verabschiedung